TROISIÈME PARTIE

Sujets traités par objet d'étude

ANNEXES

Maquette : Tout pour plaire
Édition : Isabelle Chave
Mise en page : Graphismes

PREMIÈRE PARTIE

La dissertation dans l'épreuve écrite

1 Présentation de l'épreuve

L'épreuve écrite du baccalauréat de français se présente sous la forme d'un ensemble de textes (corpus) lié à un ou plusieurs objets d'étude du programme de la classe de première. Elle comporte deux parties :

– la ou les question(s) : une ou deux questions portant sur le corpus et appelant des réponses rédigées. Ces questions sont notées au maximum sur 4 points dans les sujets des séries générales, sur 6 points dans les sujets des séries technologiques ;

– le travail d'écriture : il est noté au minimum sur 16 points pour les sujets des séries générales et sur 14 points pour les sujets des séries technologiques. L'élève a le choix, pour ce travail d'écriture, entre trois types d'exercices : le commentaire, la dissertation ou l'écriture d'invention.

DÉFINITION

Les textes officiels définissent la dissertation de la manière suivante :

> La dissertation consiste à conduire une réflexion personnelle et argumentée à partir d'une problématique littéraire issue du programme de français. Pour développer son argumentation, le candidat s'appuie sur les textes dont il dispose, sur les « objets d'étude » de la classe de première, ainsi que sur ses lectures et sa culture personnelle.
>
> BO n° 46 du 14 décembre 2006.

La dissertation porte donc nécessairement sur un sujet d'ordre littéraire qui concerne souvent un genre, comme le roman, le théâtre ou la poésie, et doit s'appuyer sur les objets d'étude au programme. Ils sont au nombre de quatre (séries technologiques, S, ES) ou de six (série littéraire) pour la classe de première : le roman et ses personnages : visions de l'homme et du monde ; la poésie ; le théâtre : texte et représentation ; l'argumentation : convaincre, persuader et délibérer ; l'autobiographique et les réécritures (ces deux derniers en série L) (BO n° 40 du 2 novembre 2006)

OBJECTIFS DE LA DISSERTATION

Les textes officiels définissent comme suit les objectifs de la dissertation :

> La dissertation est un exercice qui contribue à la formation du jugement critique et qui est propice à l'évaluation de son exposition. Elle contribue à la formation du jugement critique par sa démarche même.
>
> *Français classes de seconde et de première*,
> Accompagnement des programmes CNDP, septembre 2001, p. 96

Ainsi, la dissertation se présente surtout comme une réflexion centrée autour d'une problématique soulevée par le sujet et qui suit le plus souvent le schéma suivant :

> Une proposition est présentée aux élèves, sous la forme d'un jugement ; ils sont invités à en dégager tous les arguments et à en apprécier le bien-fondé ; puis il s'agit d'envisager les arguments qui divergent d'avec ce point de vue initial, voire s'y opposent ; dans un troisième temps enfin, les élèves prennent eux-mêmes position.
>
> *Français classes de seconde et de première*,
> Accompagnement des programmes CNDP, septembre 2001, p. 96.

La dissertation apparaît donc comme

> un exercice de la délibération – elle confronte des arguments divers, voire divergents et s'efforce de confronter des thèses en présence. Elle suppose aussi le respect de l'opinion proposée, qui doit être examinée avec attention, analysée selon différents points de vue, en évitant la tentation d'y adhérer ou de la contredire d'emblée. Elle est ainsi un apprentissage de l'esprit critique. En effet, l'examen des arguments qui viennent réfuter la proposition initiale invite à ne pas adopter une position tranchée. La dissertation est enfin un apprentissage de la délibération réfléchie : elle débouche sur une prise de position.
>
> *Français classes de seconde et de première*,
> Accompagnement des programmes CNDP, septembre 2001, p. 98.

Cette attitude, qui consiste à dépasser la confrontation des différents arguments, pour réfléchir sur d'autres aspects du problème soulevé par le sujet, doit être présente tout au long de la dissertation. Définie comme un exercice obligeant l'élève à délibérer et à exercer son esprit critique, la dissertation est ici présentée comme un devoir qui s'organise en deux ou trois parties et qui conduit nécessairement à une prise de position personnelle de la part de l'élève.

REPÈRES CONCERNANT L'ÉVALUATION

Les instructions officielles précisent que l'on n'attend pas de l'élève qu'il exprime un jugement neuf et original :

> Il est recommandé qu'il soit personnel, c'est-à-dire qu'il ne se borne pas à recopier ou résumer un point de vue trouvé ici ou là chez un critique. Pour autant, il peut ne pas avoir d'originalité au sens littéraire de ce terme.
>
> *Français classes de seconde et de première*, Accompagnement des programmes CNDP, septembre 2001, p. 96.

On insiste ici sur la nécessité de réfléchir à partir de connaissances de cours, de ses connaissances personnelles, et de s'appuyer sur les objets d'étude au programme pour exprimer son point de vue. Ce qui vaut pour la dissertation vaut d'ailleurs pour tous les sujets :

> Les épreuves portent sur les contenus du programme, non sur la virtuosité rédactionnelle ou la conformité à une contrainte formelle.
>
> *Français classes de seconde et de première*, Accompagnement des programmes CNDP, septembre 2001, p. 98.

Les élèves sont invités à ne pas considérer la dissertation comme un exercice purement formel, mais à mettre l'accent sur le contenu : il s'agit de mener une réflexion personnelle qui se fonde sur des connaissances solides acquises au cours de l'année. Pour conclure, rappelons « les critères généraux qui s'appliquent à la dissertation » et qui permettront d'en évaluer la qualité.

Ces critères sont au nombre de six :

- compréhension du sujet et de sa problématique ;
- exploitation du corpus ;
- connaissance de l'objet d'étude et de ses enjeux ;
- mobilisation pertinente des textes ou des œuvres lus et étudiés ;
- argumentation et organisation du propos ;
- lisibilité, correction de l'expression et de l'orthographe.

Annales zéro : commentaires et éléments de corrigé, 7 février 2002.

2 La relation avec l'objet d'étude

Le sujet de dissertation est toujours lié à un corpus (ensemble de textes) illustrant un ou plusieurs objets d'étude du programme de première. Pour traiter le sujet de dissertation, il faut s'appuyer sur les lectures imposées en classe, sur les textes du corpus et sur sa culture personnelle relative aux objets d'étude.

Le programme peut être abordé selon différentes problématiques au cours de l'année, dont certaines sont particulièrement importantes pour traiter les objets d'étude. Il est utile de les connaître et de faire des lectures personnelles qui s'y rapportent pour compléter le cours du professeur[1].

Pour chaque objet d'étude, nous proposons une liste des problématiques les plus courantes. Mais nous tenons à signaler que cette liste n'est pas exhaustive. Elle est donnée à titre indicatif. Pour illustrer certains objets d'étude, nous proposons un exemple de sujet.

UN MOUVEMENT LITTÉRAIRE ET CULTUREL FRANÇAIS ET EUROPÉEN DU XVIe AU XVIIIe SIÈCLE

Cet objet d'étude, qui relève du choix des professeurs et qui peut porter sur des mouvements aussi divers que l'humanisme, le classicisme ou les Lumières, ne peut donner lieu à aucun sujet d'écrit pour le baccalauréat.

1. Voir bibliographie par objet d'étude, en fin de volume.

LA POÉSIE

Pour cet objet d'étude, plusieurs problématiques sont possibles, comme l'impact de la poésie sur le lecteur, la poésie et le réel, la poésie comme langage spécifique, ou encore la poésie engagée. La connaissance de ces problématiques doit permettre de traiter de nombreux sujets de dissertation sur la poésie.

L'impact de la poésie sur le lecteur

Cette problématique conduit à étudier les registres pathétique (qui cherche à émouvoir le lecteur), polémique (qui attaque une idée ou une personne), lyrique (qui exprime les sentiments intimes du poète) et à repérer les procédés mis en œuvre pour convaincre le lecteur ou lui faire partager ses émotions. Elle peut conduire à s'interroger sur les jeux de langage qui sont à l'œuvre dans les textes poétiques, et peuvent déconcerter le lecteur ou le divertir.

SUJET 1

Pensez-vous que la poésie stimule l'imagination du lecteur ?
Vous appuierez votre réflexion sur les textes du corpus ainsi que sur vos connaissances personnelles.

La poésie et le réel

Il s'agit ici d'aborder l'étude du genre poétique en s'interrogeant sur les relations qu'il entretient avec le monde réel. En d'autres termes, il faut se demander si la poésie est ancrée dans la réalité, si elle y fait référence explicitement, à travers l'évocation de personnes ou de lieux réels par exemple. La poésie engagée apparaît comme l'illustration la plus parlante d'une poésie du réel. À l'inverse, certaines œuvres paraissent transfigurer le réel, ou encore être totalement détachées de la réalité et semblent créer un univers à part, qui n'a d'existence que poétique. La poésie moderne depuis Rimbaud comporte de nombreux exemples de cette poésie conçue comme un univers autonome.

SUJET 2

Faire un travail exquis, plein de crainte et de charme,
Faire une perle d'une larme :
Du poète ici-bas voilà la passion,
Voilà son bien, sa vie et son ambition.

(Alfred de Musset, « Impromptu,
En réponse à cette question :
qu'est-ce que la poésie ? », *Poésies nouvelles*, 1852.)

Partagez-vous cette conception de la poésie exprimée par Alfred de Musset ? Vous appuierez votre réflexion sur les poèmes du corpus ainsi que sur vos connaissances personnelles.

La poésie comme langage spécifique

Les jeux avec le langage se rencontrent dans tous les genres littéraires, mais ils paraissent particulièrement liés au genre poétique. C'est pourquoi, il semble utile de connaître des œuvres ou des mouvements poétiques qui accordent une place importante au travail sur la langue. Parmi eux, citons les calligrammes d'Apollinaire, le surréalisme, l'Oulipo... D'une manière plus générale, l'usage spécifique que les poètes font de la langue (syntaxe, choix du vocabulaire, images, etc.) doit être pris en compte dans le cadre de cette problématique.

La poésie engagée

De nombreux poètes conçoivent leur art comme le lieu d'un combat, comme une tribune possible pour exprimer leurs idées. Cette conception définit des œuvres individuelles (celle de Hugo par exemple) aussi bien que des mouvements (la poésie de la Résistance, par exemple *Les Feuillets d'Hypnos* de René Char).

Cette problématique invite à s'interroger sur l'adéquation entre la forme poétique et le projet argumentatif de l'auteur : il convient d'étudier les procédés utilisés pour convaincre ou persuader le lecteur, la force de certaines images, les effets musicaux (rythme, rimes, répétitions, etc.) qui participent à l'expression du message de l'auteur.

SUJET 3

Victor Hugo définit de la manière suivante la fonction du poète dans le monde :

> « Compris ou dédaigné des hommes, tu dois être
> Pâtre pour les garder et pour les bénir prêtre. »
>
> (« Ce que le poète se disait en 1848 », *Les Châtiments*, 1853.)

Dans quelle mesure partagez-vous cette conception de la poésie ? Vous appuierez votre réflexion sur les textes du corpus ainsi que sur vos connaissances personnelles.

LE THÉÂTRE : TEXTE ET REPRÉSENTATION

Pour cet objet d'étude, la problématique est fournie par l'intitulé lui-même : « texte et représentation ». Les sujets de dissertation liés à cet objet d'étude doivent donc poser le problème de la représentation : qu'est-ce que la mise en scène, le jeu des acteurs, les décors, la musique, etc. apportent par rapport au texte de la pièce de théâtre ? En quoi une mise en scène peut-elle modifier l'interprétation d'un texte ?

Pour traiter le sujet de dissertation, il semble utile d'avoir fait l'expérience du théâtre, non seulement en tant que lecteur, mais aussi en tant que spectateur, voire comme acteur.

SUJET 4

Jacques Scherer affirme que le spectacle permet de « souligner l'action de la pièce ; la mise en scène acquiert une valeur dramatique lorsqu'elle rend sensibles aux yeux les conflits qui constituent le nœud » (*La Dramaturgie classique*, II, 1, 1986).

Vous réfléchirez à cette conception du spectacle théâtral en faisant appel à vos lectures et à votre expérience de spectateur.

L'ARGUMENTATION : CONVAINCRE, PERSUADER ET DÉLIBÉRER

Cet objet d'étude englobe trois genres argumentatifs, qui correspondent à des démarches différentes. Dans l'essai, l'auteur parle en son nom et cherche à convaincre le lecteur par un raisonnement construit et sérieux ; il peut également tenter de le persuader en faisant appel à ses émotions. Dans la fable et dans le conte philosophique, l'auteur, enfin, utilise le détour de la fiction pour faire passer un message.

Les stratégies argumentatives

Une problématique majeure concernant cet objet d'étude est celle des moyens dont dispose la littérature d'idées pour faire adhérer le lecteur à la position de l'auteur et de l'efficacité de ces moyens.

Quels sont les types de raisonnements possibles ? Quels sont les procédés utilisés pour convaincre, persuader ou pour délibérer ?

Quels sont les registres (comique, pathétique, polémique, etc.) qui paraissent propres à emporter l'adhésion du lecteur ? Dans une perspective plus générale, cette problématique pose la question du rapport entre la littérature et le réel et de la capacité des écrivains à agir sur le monde.

SUJET 8

Roland Barthes écrit à propos de Voltaire qu'il a donné « au combat de la Raison l'allure d'une fête » (« Le dernier des écrivains heureux », *Essais critiques*, 1958).

Selon vous, quels sont les intérêts et les limites de cette forme de combat ? Vous appuierez votre réflexion sur les textes du corpus ainsi que sur vos connaissances personnelles.

Les atouts et les limites des trois genres argumentatifs

Une autre problématique consiste à comparer les intérêts respectifs des trois genres que sont l'essai, la fable et le conte philosophique. Il s'agit ici d'étudier quels sont les thèmes privilégiés par chacun d'eux, quels sont les publics visés, quels sont les atouts et les limites d'un genre par rapport aux deux autres.

On peut traiter cet objet d'étude en suivant plusieurs problématiques. Citons par exemple : le rapport au temps et à la réalité, les formes de l'autobiographie, ses limites.

Le rapport au temps et à la réalité

Le récit écrit de sa propre vie peut prendre de nombreuses formes : le journal, les mémoires, le roman autobiographique, l'autobiographie. Ces diverses formes traduisent des différences concernant le rapport que l'auteur entretient avec le temps : un journal s'écrit au jour le jour, tandis que les mémoires ou l'autobiographie adoptent un point de vue rétrospectif. Elles expriment également le choix d'être fidèle à la réalité (l'autobiographie) ou au contraire de transposer la réalité dans une œuvre romanesque (le roman autobiographique).

Les formes de l'autobiographie

Il faut envisager toutes les façons de raconter sa vie : journal, mémoires, roman ou théâtre autobiographique, autobiographie, etc. Cette problématique conduit à étudier les intérêts et les limites respectives de toutes ces formes de récits de vie.

Les limites de l'autobiographie

Cette problématique invite à s'interroger sur la possibilité même de raconter sa vie. Les limites de l'autobiographie apparaissent très nettement : la mémoire peut être défaillante, beaucoup de souvenirs sont reconstruits, le point de vue est nécessairement partiel.

SUJET 6

Le critique littéraire Philippe Lejeune écrit : « L'aveu dans l'autobiographie est une chose impossible, à cause de l'absence de destinataire, et de la médiation de l'écriture. [...] L'écriture a cette double fonction, elle peut tenter de dire la vérité, et être dans son existence même le contraire de la vérité » (*Le Pacte autobiographique*, 1975).

Pensez-vous que l'autobiographie présente de telles limites ? Vous appuierez votre réflexion sur les textes du corpus ainsi que sur vos connaissances personnelles.

LE ROMAN ET SES PERSONNAGES : VISIONS DE L'HOMME ET DU MONDE

Les catégories de romans

Les sujets de dissertation peuvent conduire à distinguer entre différentes catégories de romans : le roman d'analyse (*La Princesse de Clèves* de Madame de Lafayette, 1678), le roman-mémoires (*Manon Lescaut* de l'abbé Prévost, 1731), le roman épistolaire (*Lettres persanes* de Montesquieu, 1721), le roman d'aventures (*Le Tour du monde en quatre-vingts jours* de Jules Verne, 1873), le roman historique (*Les Trois Mousquetaires* d'Alexandre Dumas, 1844), le roman social (*Les Misérables* de Victor Hugo, 1862), le roman de science-fiction (*Le Meilleur des mondes* d'Aldous Huxley, 1932), ou encore le roman policier et le roman noir.

On peut également être amené à associer un certain type de roman à un mouvement littéraire. Ainsi, au XIXe siècle, le romantisme ouvrira l'ère du roman du moi (*Adolphe* de Benjamin Constant, 1816), tandis que le réalisme (*La Comédie humaine* de Balzac, 1829-1847) et le naturalisme (*Les Rougon-Macquart* de Zola, 1871-1893) marqueront durablement le genre romanesque. De même, au XXe siècle, des courants tels que le surréalisme (*Nadja* de Breton, 1928), le Nouveau Roman (*L'Emploi du temps* de Michel Butor, 1956) ou encore l'Oulipo (*Zazie dans le métro* de Raymond Queneau, 1959) remettront en question, chacun à leur façon, les caractéristiques traditionnelles du roman.

La notion de personnage et son évolution

L'analyse de la notion de personnage amène tout d'abord à faire la distinction entre les romans écrits à la 3e personne et ceux écrits à la 1re personne, où le personnage assume alors également la fonction de narrateur.

Si l'on a affaire à un narrateur-personnage, son étude sera étroitement liée à celle du style du roman, puisque ce personnage se retrouve alors à prendre en charge toute la narration de l'histoire (*À la recherche du temps perdu* de Proust, 1913-1927 ; *Voyage au bout de la nuit* de Céline, 1932).

Enfin, cette notion de personnage est à relier à d'autres problématiques littéraires très vastes : celles du portrait et de sa place dans l'économie du roman ; celle de la psychologie du personnage, plus ou moins complexe et élaborée en fonction des auteurs et des époques ; celle de la fonction du personnage dans l'histoire (héros, opposant à l'action entreprise par le héros, bénéficiaire de cette action, etc.) ; celle de l'identification possible du lecteur au(x) personnage(s) de l'histoire racontée.

La vision du monde à l'œuvre dans un roman

Certaines catégories de romans sont particulièrement propices à l'expression d'une vision du monde. Ainsi, le roman réaliste ou naturaliste, qui prétend être le reflet de la société de son époque, présente nécessairement une image très précise de celle-ci. Les auteurs s'inspirent d'ailleurs souvent de faits réels et réunissent une documentation conséquente sur le monde réel qui les entoure pour construire le cadre de leur fiction.

Mais plus généralement, le roman, à travers ses personnages (héros, anti-héros, personnages manichéens[1] ou plus complexes, etc.), son cadre spatio-temporel (l'époque contemporaine, une époque lointaine, appartenant au passé ou au futur, un pays proche ou lointain, etc.), ses péripéties et son style, présente toujours une certaine vision du monde et de l'humanité.

1. *Personnages manichéens* : qui sont, soit entièrement bons, soit entièrement mauvais.

SUJET 7

Dans un « Entretien sur l'art de la composition », l'écrivain Milan Kundera déclarait : « Le roman est une méditation sur l'existence vue au travers de personnages imaginaires » (*L'Art du roman*, Gallimard, 1986). Dans quelle mesure les romans que vous connaissez illustrent-ils cette définition ?

LES RÉÉCRITURES

La principale problématique permettant d'aborder cet objet d'étude est celle de l'originalité de l'œuvre littéraire. Il s'agit de se poser la question de savoir si un écrivain peut avoir une inspiration entièrement personnelle ou si au contraire il n'écrit pas toujours, nécessairement, à partir de ce qui a déjà été écrit avant lui par d'autres. Dans le cas d'une démarche de réécriture volontaire (par exemple, la réécriture d'un mythe célèbre), on peut se demander ce qu'apporte la réécriture, si son intérêt réside dans le genre littéraire choisi, dans le style de l'auteur, dans son interprétation personnelle de l'histoire ou encore dans une transposition moderne.

SUJET 8

Qu'apporte la réécriture par rapport à la première version d'une œuvre ?

Vous appuierez votre réflexion sur les textes du corpus ainsi que sur vos connaissances personnelles.

LES SUJETS LIÉS À PLUSIEURS OBJETS D'ÉTUDE

Les sujets de dissertation peuvent croiser deux objets d'étude. Par exemple, on peut demander de réfléchir aux rapports qu'entretiennent un genre littéraire et un contenu argumentatif. Ainsi, l'objet d'étude intitulé : « L'argumentation : convaincre, persuader et délibérer » peut être mis en relation avec des objets d'étude concernant des genres littéraires : « le théâtre » ou « la poésie ».

Par exemple, le sujet ci-dessous illustre deux objets d'étude : « Le théâtre, texte et représentation » et « L'argumentation : convaincre, persuader et délibérer ».

SUJET 9

Le spectateur « a besoin non seulement d'une histoire qu'on lui raconte, de destinées qu'on lui montre, mais de questions que l'on pose, qu'on lui pose. Tout à coup sa fonction change : il n'est plus seulement contemplateur (ou voyeur), il devient arbitre » (Anne Ubersfeld, *Lire le théâtre*, III, 1996).

Pensez-vous, comme Anne Ubersfeld, que le spectateur soit attiré par les idées exprimées dans une pièce de théâtre ? Vous appuierez votre réflexion sur les textes du corpus ainsi que sur vos connaissances personnelles.

3 La relation avec le corpus

Le sujet de dissertation est toujours lié à un corpus (ensemble de textes) représentatif d'un ou de deux objets d'étude du programme de première. Pour traiter le sujet de dissertation, il faut donc s'appuyer sur les textes du corpus, qui nourrissent la réflexion et qui peuvent fournir une partie des exemples utilisés pour illustrer le sujet (→ CHAPITRE 3, II, p. 60).

Ainsi, dans le corpus ci-dessous, l'objet d'étude (la poésie) est illustré par tous les textes en fonction de la même problématique : la conception du rôle du poète. Les textes B et C sont donc directement en rapport avec le sujet de dissertation issu du texte A.

Le travail préparatoire effectué ci-dessous ne constitue pas un exercice supplémentaire de l'épreuve. Il est présenté ici à titre d'exemple, pour montrer à l'élève comment repérer, dans les textes du corpus, des pistes de réflexion pour la dissertation. L'élève ne doit donc en aucun cas rédiger ces pistes de réflexion. Il se contentera de les relever, sous forme de notes, au brouillon.

EXEMPLE

SUJET 10

Objet d'étude : la poésie

TEXTES

A – Victor Hugo, extrait de « Fonction du poète », *Les Rayons et les Ombres* (1840), poème I, partie II, vers 81 à 100.
B – Charles Baudelaire, « Élévation », *Les Fleurs du mal* (1857).
C – Robert Desnos, « La Voix », in *Contrée* (1962), recueilli dans *Calixto* suivi de *Contrée*, © éditions Gallimard.

Texte A

Victor Hugo, poème extrait du recueil *Les Rayons et les Ombres* (1840).

Fonction du poète

[…]
Le poète en des jours impies
Vient préparer des jours meilleurs.
Il est l'homme des utopies ;
Les pieds ici, les yeux ailleurs.
C'est lui qui sur toutes les têtes,
En tout temps, pareil aux prophètes,
Dans sa main, où tout peut tenir,
Doit, qu'on l'insulte ou qu'on le loue,
Comme une torche qu'il secoue,
Faire flamboyer l'avenir !
Il voit, quand les peuples végètent !
Ses rêves, toujours pleins d'amour,
Sont faits des ombres que lui jettent
Les choses qui seront un jour.
On le raille. Qu'importe ? Il pense.
Plus qu'une âme inscrit en silence
Ce que la foule n'entend pas.
Il plaint ses contempteurs[1] frivoles[2] ;
Et maint faux sage à ses paroles
Rit tout haut et songe tout bas !
[…]

1. *Contempteurs* : ses adversaires, ceux qui le critiquent.
2. *Frivoles* : qui traitent à la légère les choses sérieuses.

Texte B

Charles Baudelaire, poème extrait du recueil *Les Fleurs du mal* (1857).

Élévation

Au-dessus des étangs, au-dessus des vallées,
Des montagnes, des bois, des nuages, des mers,
Par-delà le soleil, par-delà les éthers[1],
Par-delà les confins[2] des sphères étoilées,

Mon esprit, tu te meus avec agilité,
Et, comme un bon nageur qui se pâme dans l'onde,
Tu sillonnes gaiement l'immensité profonde
Avec une indicible et mâle volupté.

Envole-toi bien loin de ces miasmes[3] morbides ;
Va te purifier dans l'air supérieur,
Et bois, comme une pure et divine liqueur,
Le feu clair qui remplit les espaces limpides.

Derrière les ennuis et les vastes chagrins
Qui chargent de leurs poids l'existence brumeuse,
Heureux celui qui peut d'une aile vigoureuse
S'élancer vers les champs lumineux et sereins ;

Celui dont les pensers[4], comme des alouettes,
Vers les cieux le matin prennent un libre essor,
– Qui plane sur la vie, et comprend sans effort
Le langage des fleurs et des choses muettes !

1. *Les éthers* : les cieux.
2. *Confins* : limites, bornes.
3. *Miasmes* : gaz émanant d'animaux ou de végétaux en décomposition.
4. *Pensers* : façons de penser.

Texte C

Robert Desnos, poème extrait de *Contrée* (1962), © éditions Gallimard.

[Engagé dans la Résistance pendant la Seconde Guerre mondiale, Robert Desnos est mort en 1945 dans un camp de concentration.]

La Voix

Une voix, une voix qui vient de si loin
Qu'elle ne fait plus tinter les oreilles,
Une voix, comme un tambour, voilée
Parvient pourtant, distinctement, jusqu'à nous.

Bien qu'elle semble sortir d'un tombeau
Elle ne parle que d'été et de printemps,
Elle emplit le corps de joie,
Elle allume aux lèvres le sourire.

Je l'écoute. Ce n'est qu'une voix humaine
Qui traverse les fracas de la vie et des batailles,
L'écroulement du tonnerre et le murmure des bavardages.

Et vous ? ne l'entendez-vous pas ?
Elle dit « La peine sera de courte durée »
Elle dit « La belle saison est proche ».

Ne l'entendez-vous pas ?

Dissertation

Dans le poème « Fonction du poète » (texte A), Hugo affirme :

« Le poète en des jours impies
Vient préparer des jours meilleurs.
Il est l'homme des utopies »

Discutez cette conception du rôle du poète en vous appuyant sur les textes du corpus, sur les textes étudiés en classe et sur vos lectures personnelles.

Le sujet de dissertation invite à s'interroger sur le rôle du poète dans le monde. Or, les poèmes du corpus, qui contiennent une réflexion sur le statut de leur auteur, apportent des réponses différentes à cette question.

Repérer la relation entre le sujet et le texte A

Le sujet de la dissertation s'appuie sur un court extrait du texte A, poème de Victor Hugo intitulé « Fonction du poète », dans lequel plusieurs vers affirment le rôle majeur que le poète doit jouer dans le monde :

> « Le poète en des jours impies
> Vient préparer des jours meilleurs »
> (vers 1-2).

Il doit « faire flamboyer l'avenir ! » (vers 10) : cela signifie à la fois permettre aux hommes d'espérer un avenir plus radieux que le présent et aider effectivement la société à s'améliorer.

Hugo conçoit la poésie comme un art engagé et le poète comme un être ancré dans le monde, présent parmi les siens, prêt à les aider. De plus, si le rôle du poète dans le monde est aussi capital, aux yeux de Hugo, c'est parce que celui-ci apparaît comme un être hors du commun, doté de pouvoirs exceptionnels : « Il voit, quand les peuples végètent ! » (vers 11), « Il pense » (vers 15).

Sa personnalité extraordinaire le distingue des autres hommes, le place au-dessus de « la foule » (vers 17), de « ses contempteurs » (vers 18) ou encore de « maint faux sage » (vers 19). Lui seul détient la véritable sagesse. Pour Hugo, le poète a véritablement valeur de guide et de modèle pour les autres hommes.

Pistes pour la dissertation : l'étude de la conception du rôle du poète dans le texte A fait apparaître un artiste qui met son génie au service de ses semblables, qui agit en vue du bien d'autrui. Une partie de la dissertation devra donc être consacrée à développer et à illustrer cette vision du poète comme artiste engagé.

Repérer la relation entre le sujet et le texte B

Dans cet extrait du poème de Charles Baudelaire intitulé « Élévation », le poète apparaît également comme un être particulièrement doué, ce que soulignent deux principaux éléments :
– le vocabulaire renvoyant à la notion d'« élévation » exprimée dans le titre : « Au-dessus » (vers 1), « Par-delà » (vers 3, 4), « Envole-toi » (vers 9), « air supérieur » (vers 10), « S'élancer » (vers 16), « Vers les cieux », « libre essor » (vers 18) ;
– les termes exprimant l'aisance et le plaisir avec lesquels l'esprit du poète évolue dans le monde : « avec agilité » (vers 5), « comme un bon nageur » (vers 6), « Tu sillonnes gaiement » (vers 7), « volupté » (vers 8), « d'une aile vigoureuse » (vers 15), « comme des alouettes » (vers 17), « libre essor » (vers 18), « plane sur la vie » (vers 19) et « comprend sans effort » (vers 19).

Le poète est perçu comme un génie. Mais à la différence de Hugo, Baudelaire ne considère pas que cette supériorité du poète doive être au service de l'humanité.

D'après Baudelaire, il s'agit au contraire pour le poète de se mettre à l'écart du monde, « loin de ces miasmes morbides » (vers 9), à l'abri des « ennuis », des « vastes chagrins » (vers 13), de « l'existence brumeuse » (vers 14).

Pistes pour la dissertation : le poète occupe donc une position détachée, à l'écart du monde, conception qui s'éloigne de celle développée par Hugo. Le texte B pourrait donc être utilisé pour nuancer ou contredire la position exprimée par Victor Hugo.

Repérer la relation entre le sujet et le texte C

Cet extrait du poème de Robert Desnos intitulé « La Voix » évoque le rôle du poète dans un contexte particulier qui est celui de la Seconde Guerre mondiale. Plusieurs éléments font référence à ce contexte :
– la faiblesse de la voix, qui renvoie aux messages de la Résistance à la radio : « vient de si loin » (vers 1), « voilée » (vers 3), « semble sortir d'un tombeau » (vers 5), « Ce n'est qu'une voix humaine » (vers 9) ;

– l'allusion à la guerre : « tombeau » (vers 5), « fracas », « batailles » (vers 10), « tonnerre » (vers 11), le message d'espoir exprimé par « la voix » :

> Elle ne parle que d'été et de printemps,
> (vers 6.)
>
> Elle dit « La peine sera de courte durée »
>
> Elle dit « La belle saison est proche ».
> (vers 13-14.)

– l'apostrophe aux lecteurs, qui peut être comprise comme un appel à rejoindre la Résistance, adressé par le poète à ses contemporains :

> Et vous ? ne l'entendez-vous pas ?
> (vers 12.)
>
> Ne l'entendez-vous pas ?
> (vers 15.)

Dans ce contexte de la Seconde Guerre mondiale, les apostrophes du poète aux lecteurs peuvent être interprétées comme un appel à résister. Plus largement, parce qu'il ne comporte ni date, ni nom de lieux, ni nom de personnes, le poème peut être compris comme une invitation à résister à toutes formes d'oppression.

Pistes pour la dissertation : le poète apparaît donc à travers le texte C comme porteur d'un message de résistance ou de révolte.

Cette conception du rôle du poète dans le monde se rapproche de celle exprimée par Hugo dans le texte A. Elle pourrait donc trouver sa place dans la partie de la dissertation consacrée au poète engagé.

Ainsi que le montre cet exemple, les textes du corpus invitent à étayer ou à nuancer la position exprimée dans le sujet. Mais ils ne suffisent pas à nourrir toute la dissertation. À partir des pistes de réflexion ouvertes, l'élève doit chercher dans les textes étudiés en classe et dans ses lectures personnelles d'autres conceptions du rôle du poète.

4 La relation avec les questions sur le corpus

Le sujet de dissertation est toujours lié à un corpus (ensemble de textes) représentatif d'un ou de deux objets d'étude du programme de première. Ce corpus est accompagné d'une ou de deux questions qui constituent la première partie de l'épreuve. Les réponses à ces questions permettent d'amorcer la réflexion à laquelle invite le sujet de dissertation.

Le travail préparatoire effectué ci-dessous ne constitue pas un exercice supplémentaire de l'épreuve du baccalauréat. Il est présenté ici à titre d'exemple pour montrer à l'élève comment repérer dans l'énoncé des questions et dans les réponses apportées par les textes du corpus des pistes de réflexion pour la dissertation. L'élève ne doit donc en aucun cas rédiger ces pistes de réflexion. Il se contentera de les relever sous forme de notes, au brouillon.

EXEMPLE

SUJET 11

Objet d'étude : L'argumentation : convaincre, persuader et délibérer

TEXTES

A – Voltaire, *L'Ingénu* (1767), chapitre 1.
B – Voltaire, « Torture », *Dictionnaire philosophique* (édition de 1769).

L'exemple de corpus ci-dessous présente deux textes du même auteur, Voltaire, afin de montrer comment un même message peut être exprimé à travers des registres extrêmement différents.

Texte A

Voltaire, *L'Ingénu*, extrait du chapitre 1.

[Un Huron fraîchement débarqué en Basse-Bretagne est interrogé par les habitants du pays sur son mode de vie et sa religion.]

L'impitoyable bailli[1], qui ne pouvait réprimer sa fureur de questionner, poussa enfin la curiosité jusqu'à s'informer de quelle religion était monsieur le Huron ; s'il avait choisi la religion anglicane, ou la gallicane, ou la huguenote[2] ? « Je suis de ma religion, dit-il, comme vous de la vôtre. — Hélas ! s'écria la Kerkabon, je vois bien que ces malheureux Anglais n'ont pas seulement songé à le baptiser. — Eh ! mon Dieu, disait mademoiselle de Saint-Yves, comment se peut-il que les Hurons ne soient pas catholiques ? Est-ce que les RR. PP. jésuites[3] ne les ont pas tous convertis ? » L'Ingénu l'assura que dans son pays on ne convertissait personne ; que jamais un vrai Huron n'avait changé d'opinion, et que même il n'y avait point dans sa langue de terme qui signifiât *inconstance*. Ces derniers mots plurent extrêmement à mademoiselle de Saint-Yves.

« Nous le baptiserons, nous le baptiserons, disait la Kerkabon à monsieur le prieur ; vous en aurez l'honneur, mon cher frère ; je veux absolument être sa marraine : monsieur l'abbé de Saint-Yves le présentera sur les fonts[4] : ce sera une cérémonie bien brillante ; il en sera parlé dans toute la Basse-Bretagne, et cela nous fera un honneur infini. » Toute la compagnie seconda la maîtresse de maison ; tous les convives criaient : « Nous le baptiserons ! » L'Ingénu répondit

---

1. *Bailli* : officier qui rendait la justice au nom du roi.

2. Pour le bailli, l'Ingénu ne peut avoir le choix qu'entre trois religions : la religion anglicane, c'est-à-dire la forme de catholicisme propre à l'Angleterre, le catholicisme français ou la religion huguenote, c'est-à-dire le protestantisme.

3. Les révérends pères jésuites partaient en mission dans le Nouveau Monde pour convertir les indigènes au catholicisme.

4. *Fonts baptismaux* : bassins qui contiennent l'eau de baptême. L'expression « le présentera sur les fonts » signifie donc « le baptisera ».

qu'en Angleterre on laissait vivre les gens à leur fantaisie. Il témoigna que la proposition ne lui plaisait point du tout, et que la loi des Hurons valait pour le moins la loi des Bas-Bretons ; enfin il dit qu'il repartait le lendemain.

Texte B

Voltaire, extrait de l'article « Torture », *Dictionnaire philosophique* (1769).

Lorsque le chevalier de La Barre, petit-fils d'un lieutenant général des armées, jeune homme de beaucoup d'esprit et d'une grande espérance, mais ayant toute l'étourderie d'une jeunesse effrénée, fut convaincu d'avoir chanté des chansons impies[1], et même d'avoir passé devant une procession de capucins[2] sans avoir ôté son chapeau, les juges d'Abbeville, gens comparables aux sénateurs romains, ordonnèrent non seulement qu'on lui arrachât la langue, qu'on lui coupât la main, et qu'on brûlât son corps à petit feu, mais ils l'appliquèrent encore à la torture pour savoir précisément combien de chansons il avait chantées, et combien de processions il avait vues passer, le chapeau sur la tête.

Ce n'est pas dans le XIIIe ou dans le XIVe siècle que cette aventure est arrivée, c'est dans le XVIIIe. Les nations étrangères jugent de la France par les spectacles, par les romans, par les jolis vers, par les filles d'Opéra, qui ont les mœurs fort douces, par nos danseurs d'Opéra, qui ont de la grâce, par Mlle Clairon, qui déclame des vers à ravir. Elles ne savent pas qu'il n'y a point au fond de nation plus cruelle que la française.

Question sur le corpus

Identifiez le registre dominant dans des textes proposés.

1. *Impies* : qui offensent la religion.
2. *Capucins* : moines.

Dissertation

De nombreux auteurs utilisent le rire pour faire passer leurs idées auprès des lecteurs. Vous vous demanderez dans quelle mesure le rire convient à l'expression d'un message sérieux.

Vous organiserez vos idées en un développement composé, en vous appuyant sur les textes du corpus, sur les œuvres étudiées en classe, ainsi que sur vos lectures ou références personnelles concernant d'autres arts (cinéma, peinture...).

ANALYSE DE LA QUESTION

Repérer la relation entre le sujet de dissertation et la question

L'élève doit repérer la relation entre la question sur le corpus et le sujet de dissertation :
– Le sujet de dissertation invite à se poser la question des registres utilisés dans les textes destinés à faire passer des idées, à exprimer un message, c'est-à-dire les textes argumentatifs.
– Le sujet présuppose que le rire constitue une stratégie argumentative souvent utilisée. Cette notion de rire peut englober le registre comique et le registre satirique, et recouvrir des procédés d'écriture variés.
– Le sujet invite également à se demander si d'autres moyens que le rire peuvent être retenus pour exprimer un message sérieux (*dans quelle mesure* est en effet une formule qui invite à discuter, à mettre en question une affirmation).

Trouver des pistes de réflexion pour la dissertation

Les deux textes du corpus sont en relation étroite avec le sujet de dissertation. Chacun d'eux apporte en effet une réponse spécifique à cette question du choix du registre dans un texte argumentatif. Ces textes abordent un sujet sérieux, qui est celui de l'intolérance religieuse. Mais ils l'appréhendent de deux façons différentes.

Dans le texte A

Dans cet extrait de *L'Ingénu,* l'auteur a recours au registre satirique illustré par le procédé suivant : la citation des propos des personnages qui questionnent le Huron (parole rapportée au discours direct ou indirect) met en évidence leur ridicule et leur intolérance. Le relevé de ces propos révèle :

– l'intolérance du bailli qui paraît être liée à son ignorance ; il ne connaît que trois religions : « la religion anglicane, ou la gallicane, ou la huguenote » ;

– la naïveté des propos de Mlle de Kerkabon : elle pense que les Anglais « n'ont pas [...] songé » à baptiser l'Ingénu, c'est-à-dire qu'il s'agit d'un oubli de leur part, mais elle n'envisage pas un instant qu'ils l'aient simplement laissé libre de pratiquer la religion de son choix ;

– les pensées tout aussi naïves de Mademoiselle de Saint-Yves, qui croit que les missions des Pères jésuites ont converti la totalité des indigènes : « Est-ce que les RR. PP. jésuites ne les ont pas tous convertis ? »

Enfin, pour tous les gens qui composent cette petite société du canton, le futur baptême du Huron ne fait aucun doute et il est conçu surtout comme un moyen de briller aux yeux des habitants du pays : « cela nous fera un honneur infini », affirme Mlle de Kerkabon. Ici, l'auteur se moque implicitement des gens pour qui la religion est surtout une source de prestige social.

À l'opposé de ces discours, les propos de l'Ingénu paraissent à la fois pleins de bon sens et empreints de tolérance. Ainsi, lorsqu'il affirme : « je suis de ma religion [...], comme vous de la vôtre », le Huron montre d'emblée qu'il admet la pluralité des confessions. De même, il présente l'Angleterre comme un modèle de tolérance face à ces Français qui veulent à tout prix le convertir : « L'Ingénu répondit qu'en Angleterre on laissait les gens vivre à leur fantaisie. » Sa sagesse fait d'autant mieux ressortir l'intolérance de ses hôtes. Le registre du texte est satirique, puisque, dans cette forme d'argumentation indirecte qu'est le conte philosophique, l'auteur se moque pour dénoncer. Ce qui est visé, c'est l'intolérance de l'Église catholique à l'égard des autres religions, mais le message est exprimé ici de façon divertissante grâce à la satire.

Pistes pour la dissertation : le texte A illustre donc le présupposé du sujet de dissertation selon lequel le rire est une stratégie argumentative courante. Il pourra être retenu comme exemple permettant d'affirmer que le rire est propice à l'expression d'un message sérieux.

Dans le texte B

Dans cet extrait de l'article « Torture » du *Dictionnaire philosophique,* Voltaire a recours au registre polémique. Il n'est en effet plus question de s'en prendre à l'intolérance religieuse par la moquerie, mais il s'agit cette fois de la combattre de façon beaucoup plus virulente et agressive.

– L'énumération des souffrances infligées au chevalier de La Barre vise à choquer le lecteur et à lui faire partager l'indignation de l'auteur : « Les juges d'Abbeville [...] ordonnèrent non seulement qu'on lui arrachât la langue, qu'on lui coupât la main, et qu'on brûlât son corps à petit feu ; mais ils l'appliquèrent encore à la torture. »

– La disproportion entre les fautes dérisoires du chevalier (« avoir chanté des chansons impies », « avoir passé devant une procession de capucins sans avoir ôté son chapeau ») et la barbarie des châtiments subis (« qu'on lui arrachât la langue, qu'on lui coupât la main, et qu'on brûlât son corps à petit feu ») est mise en évidence, par cette juxtaposition dans une seule et même phrase. Par dérision, sont associés les prétendus crimes du chevalier et la décision inique des juges, forme extrême de l'intolérance religieuse.

Des accusations explicites dénoncent, à la fin de l'extrait, une justice archaïque affirmant qu'« il n'y a point au fond de nation plus cruelle que la française ». Nous avons bien affaire ici à un registre polémique, puisque Voltaire s'attaque ouvertement et avec véhémence à des juges et aux idées intolérantes qu'ils incarnent.

Pistes pour la dissertation : le texte B pourrait fournir un exemple pour montrer que d'autres stratégies que le rire peuvent servir à défendre des idées. Il tend même à montrer que, pour certains sujets particulièrement graves, d'autres registres sont préférables au registre comique qui pourrait sembler déplacé.

La question portant sur les registres des textes du corpus est donc en relation étroite avec le sujet de la dissertation. Le fait d'y répondre permet non seulement de trouver des éléments de réflexion en rapport avec le sujet, mais aussi de comprendre comment les textes du corpus peuvent constituer des exemples pour la dissertation.

DEUXIÈME PARTIE

Méthodologie de la dissertation

1 Analyser un sujet de dissertation

Pour réussir une dissertation, il est nécessaire de bien connaître le ou les objets d'étude sur lesquels porte le sujet. Il est également indispensable d'avoir des références personnelles pouvant servir d'exemples dans la dissertation et de savoir utiliser les références des textes du corpus. Mais il faut avant tout analyser le sujet, de façon à pouvoir utiliser intelligemment ses connaissances.

L'analyse du sujet se déroule en plusieurs étapes :

- lire attentivement le sujet ;
- définir et analyser les notions importantes ;
- reformuler le sujet ;
- délimiter le sujet ;
- rassembler et classer ses idées ;
- trouver une problématique.

LIRE ATTENTIVEMENT LE SUJET

Le sujet de dissertation peut se présenter sous la forme, soit d'une appréciation, soit d'une citation d'un critique ou d'un auteur, soit d'une question, accompagnées d'une consigne.

Cette consigne invite l'élève à comprendre ce que l'on attend de lui. Ainsi, il doit se demander ce que cette consigne apporte au sujet : est-ce qu'elle l'explique en lui donnant un éclairage particulier ? Est-ce qu'elle la précise ? Est-ce qu'elle l'oriente vers un ou plusieurs aspects de l'objet d'étude ?

Le sujet sous forme d'appréciation

Le sujet de dissertation peut être présenté sous la forme d'une appréciation concernant un ou deux objets d'étude.

SUJET 12

Objet d'étude : la poésie

On a pu dire que la poésie traduisait le mystère du monde. Vous essaierez de déterminer quelle est la validité de ce jugement en vous appuyant sur les textes du corpus et sur vos connaissances personnelles.

La consigne invite l'élève à discuter cette affirmation et à l'approfondir en cherchant une définition de la poésie. Elle demande à l'élève de mobiliser ses connaissances sur l'objet d'étude concernant la poésie.

Le sujet sous forme de question

Ce type de sujet propose d'examiner l'une des questions essentielles soulevées par un ou plusieurs aspects d'un objet d'étude.

SUJET 13

Objet d'étude : l'autobiographie

Le récit autobiographique est-il uniquement constitué de souvenirs ?
Vous justifierez votre réponse et vous appuierez votre réflexion sur les textes du corpus et sur vos connaissances personnelles.

La question porte sur le récit autobiographique en général. En outre, avec l'adverbe « uniquement », elle oriente le sujet vers une discussion.

Le sujet sous forme de citation

La citation peut être de longueur variable. Elle peut reprendre des expressions extraites de l'un des textes du corpus, ou se présenter sous la forme d'un jugement argumenté d'un auteur ou d'un critique, qu'il faudra analyser.

Objet d'étude : l'argumentation : convaincre, persuader et délibérer

Dans la préface du *Dictionnaire philosophique* (1765), Voltaire affirme : « Nous avons tâché de joindre l'agréable à l'utile, n'ayant d'autre mérite et d'autre part à cet ouvrage que le choix. Les personnes de tout état trouveront de quoi s'instruire en s'amusant. »

Dans quelle mesure ces principes peuvent-ils s'appliquer aux essais, fables et contes philosophiques que vous connaissez ?

La citation de Voltaire, de longueur moyenne, devra faire l'objet d'une analyse particulière, comme nous nous attacherons à le montrer dans la rubrique suivante.

Toutefois, il convient aussi de relever les informations données sur les sources de la citation. Elles revêtent une importance certaine dans la mesure où elles permettent à l'élève de situer le jugement dans un contexte particulier. Ici, l'indication de la date (1765), la mention du *Dictionnaire philosophique,* ainsi que celle du philosophe Voltaire renvoient au XVIIIe siècle, et plus particulièrement au contexte des Lumières et de la littérature d'idées. La source indique également qu'il s'agit d'une préface dont le rôle est de justifier les choix d'écriture dans un ouvrage.

La consigne doit également retenir l'attention : elle invite l'élève à appliquer le sujet aux trois genres qui se rattachent à l'objet d'étude « L'argumentation : convaincre, persuader et délibérer — l'essai, la fable et le conte philosophique ». La formulation de la question invite non seulement à accorder de la valeur à la position exprimée par Voltaire, mais aussi à rechercher quelles peuvent être ses limites, à travers la formule : « dans quelle mesure... »

REPÉRER ET ANALYSER LES NOTIONS IMPORTANTES

Dans un premier temps, il convient de repérer les notions importantes que l'on trouve dans le sujet et dans la consigne, puis de les définir pour en approfondir l'analyse. Ce qui permettra, dans un deuxième temps, de se poser une série de questions et de dégager quelques pistes d'analyse.

Pour illustrer cette démarche, nous nous appuierons à nouveau sur le sujet 14.

Repérer des notions importantes

Il est utile de commencer son repérage en soulignant les notions clés. En théorie, chaque mot revêt son importance, mais il est recommandé de ne s'attarder que sur ce qui est essentiel, c'est-à-dire nécessaire à la réflexion.

Dans cette citation, Voltaire attribue à son *Dictionnaire philosophique* une double fonction que l'on peut mettre en évidence grâce au repérage des expressions « joindre l'agréable à l'utile » et « s'instruire en s'amusant », introduites en chiasme :

– une fonction divertissante, illustrée par l'adjectif « agréable » et par le gérondif « en s'amusant » ;

– une fonction didactique[1], traduite par l'emploi de l'adjectif « utile » et du verbe « s'instruire ».

Mais le philosophe Voltaire considère qu'on n'atteint vraiment son lecteur qu'en s'adressant à lui sur un mode ludique, divertissant, le rire étant le plus sûr moyen de lui faire partager son opinion. D'où la volonté affichée de « joindre l'agréable à l'utile ».

L'expression « les personnes de tout état » désigne tout un chacun, le commun des mortels. Il est important de montrer qu'il s'agit pour Voltaire de toucher le plus grand nombre d'individus possible.

On repérera dans la consigne, d'une part, le terme « principes », défini comme une règle d'action constituant un modèle, qui invite l'élève à penser que « joindre l'utile à l'agréable » est une règle. Il faudra donc se demander si Voltaire l'érige en tant que telle, c'est-à-dire en norme. D'autre part, la consigne spécifie qu'il faut appli-

1. *Didactique* : qui a pour but d'instruire.

quer le jugement de Voltaire à trois genres : l'essai, la fable et le conte philosophique qui précisément ont en commun d'être des genres didactiques.

Rappelons leurs définitions :

– L'essai est un texte en prose non fictionnel, qui exprime une réflexion développée sur un sujet donné. On peut penser aux *Essais* (1580) de Montaigne.

– La fable est un récit, en vers ou en prose, dont le but est de transmettre une leçon. Elle instruit le lecteur par le biais de la fiction.

– Le conte philosophique est un récit fictif, souvent invraisemblable, à travers lequel l'auteur exprime ses propres idées. Il peut être pour lui, par exemple, le moyen de faire la satire de la société dans laquelle il vit. Les contes philosophiques les plus célèbres sont ceux de Voltaire (par exemple, *Candide*, publié en 1759). L'utopie et la contre-utopie peuvent être assimilées au conte philosophique.

Analyser les notions importantes

Pour analyser les notions que l'on a précédemment repérées, il est utile de s'appuyer sur leur définition qui conduira à se poser une série de questions et à approfondir leur analyse. On retiendra les notions importantes, c'est-à-dire les deux couples de termes : « utile/s'instruire » et « agréable/s'amuser », autour desquels la réflexion sera centrée.

L'adjectif « agréable », du latin *gratus*, désigne « ce qui procure du plaisir », tandis que le verbe pronominal « s'amuser » invite à « passer le temps agréablement, se distraire ». Ces deux termes ont comme point commun la notion de plaisir. Comment comprendre alors ce que signifie l'écriture en termes de plaisir ? S'agit-il de raconter des histoires, de recourir à la fiction pour illustrer des propos philosophiques jugés trop sérieux (voir les contes philosophiques de Voltaire) ? S'agit-il d'utiliser une arme stratégique comme l'ironie, propre au style de Voltaire ?

Instruire, du latin *instruere*, « bâtir », se définit comme le fait de « mettre en possession de connaissances nouvelles ». L'adjectif « utile » qui lui est associé désigne « ce qui rend service, est profitable ». Ce couple de termes met en valeur l'importance d'une construction du savoir. Ces définitions invitent donc à se poser la question des objectifs visés par Voltaire : dans quel but écrit-il ? Quelles connaissances veut-il transmettre ?

Dégager des pistes d'analyse

À partir des définitions des notions repérées, se posent plusieurs questions qui permettent de dégager des pistes d'analyse :
– Que signifie être agréable ? amuser le lecteur ?
– Quel message veut-on faire passer ? dans quel but ?
– L'essai, la fable et le conte philosophique, qui appartiennent à la littérature d'idées, obéissent-ils à la règle édictée par Voltaire ?

REFORMULER LE SUJET

Après avoir défini et analysé les notions importantes, l'élève peut reformuler le sujet, c'est-à-dire réexprimer avec ses propres mots les idées de l'auteur, afin de vérifier qu'il a compris le sujet dans toutes ses nuances. Cette reformulation s'impose tout particulièrement lorsque le sujet est long, complexe, ou présenté sous la forme d'une citation.

Le sujet 14 peut être reformulé ainsi : Il porte sur la visée[1] des textes argumentatifs, et en particulier des genres que sont l'essai, la fable et le conte philosophique. Pour Voltaire, celle-ci est double : distraire et éclairer le lecteur, c'est-à-dire lui rendre compréhensibles et accessibles des connaissances, tout en l'amusant. La consigne invite donc à se demander si cette ambition exprimée par Voltaire correspond à la réalité de ce type d'œuvres argumentatives.

1. *Visée* : but, objectif, finalité.

DÉLIMITER LE SUJET

Si l'analyse du sujet invite à se poser une série de questions, il convient de le délimiter, c'est-à-dire d'une part de cerner les éléments de l'objet d'étude qui sont mis en jeu et ceux qui ne le sont pas, et d'autre part de mobiliser efficacement ses connaissances, afin d'éviter de tomber dans le hors sujet.

Délimiter le ou les objets d'étude concernés

Par rapport au travail effectué au cours de l'année sur un objet d'étude, le sujet de dissertation est toujours restrictif. Il invite à réfléchir à un aspect précis de l'objet d'étude. Il faut s'en tenir à cet aspect, et ne pas déborder sous prétexte de montrer que l'on a des connaissances, sinon, on court le risque de tomber dans le hors sujet.

Dans le sujet 14, ce n'est qu'un aspect limité de l'objet d'étude intitulé « L'argumentation : convaincre, persuader et délibérer » qui est abordé. Car si les formes de l'argumentation, « convaincre », « persuader » et « délibérer » sont mises en œuvre, il convient toutefois de se demander laquelle est ici privilégiée. Ces trois formes de l'argumentation cherchent en effet à obtenir l'adhésion du lecteur : celui qui veut convaincre en appelle à sa raison, tandis que celui qui veut persuader cherche à obtenir une adhésion spontanée en faisant appel aux émotions et aux sentiments du lecteur ; la délibération correspond davantage à une confrontation d'idées qui débouche sur un jugement.

Le sujet 14, qui porte précisément sur les interactions entre le texte argumentatif et ses lecteurs, soulève donc à la fois la question de la visée de l'auteur dans le texte argumentatif et le problème de la réception du lecteur.

Mobiliser efficacement ses connaissances

L'élève peut être tenté non seulement de « plaquer » toutes ses connaissances sur un même objet d'étude, même si le sujet ne concerne qu'une partie de celui-ci, mais aussi de multiplier ses références, et de vouloir tout dire. Or le sujet est également restrictif du point de vue des références à utiliser, qui sont ici spécifiquement littéraires (ce n'est pas toujours le cas).

Il ne s'agira pas de réciter un cours par cœur, ou de rappeler l'ensemble des textes étudiés ou des exemples analysés sur l'objet d'étude pendant l'année. Pour traiter le sujet 14, connaître Voltaire, ses choix d'écriture et son œuvre (notamment ses articles et ses contes philosophiques) est un avantage[1].

Toutefois, le sujet ne porte pas spécifiquement sur Voltaire, mais invite au contraire les élèves à s'appuyer sur tous les exemples d'essais, de dialogues et d'apologues qu'ils connaissent[2].

RASSEMBLER ET CLASSER LES IDÉES

Après avoir reformulé et délimité le sujet, l'élève doit se poser les questions qui vont lui permettre de rassembler ses idées et d'effectuer un premier travail de classement.

Dans le sujet 14, il regroupe ses idées selon deux directions principales : les visées de l'auteur dans le texte argumentatif et la réception du lecteur. Puis, il les classe de manière à dégager une réflexion d'ensemble.

Les visées de l'auteur dans le texte argumentatif

L'élève doit s'interroger sur la visée définie par Voltaire, « Joindre l'agréable à l'utile », et appliquée aux trois genres au programme :

– S'agit-il d'une visée propre à Voltaire ?

– S'agit-il d'une visée revendiquée par d'autres auteurs ? de la même époque ? de toutes les époques ?

– Cette visée s'applique-t-elle de préférence à l'essai, à la fable, au conte philosophique ? indifféremment à ces trois genres ?

1. Voir bibliographie par objet d'étude en fin de volume.

2. Il est possible de traiter le sujet avec des exemples empruntés à des genres voisins de l'essai (par exemple la lettre ouverte), ou du conte philosophique (comme l'utopie, la contre-utopie, etc.).

La réception du lecteur

Après s'être interrogé sur les visées respectives de l'essai, de la fable et du conte philosophique, l'élève doit réfléchir à l'impact effectif de ces genres argumentatifs sur les lecteurs :
- Parviennent-ils réellement à instruire et à divertir ?
- L'une des deux ambitions ne prend-elle pas parfois le dessus sur l'autre ?
- L'aspect didactique d'une œuvre ne nuit-il pas au divertissement ?
- À l'inverse, est-ce qu'on ne dévalorise pas son message en l'exprimant de façon ludique ?
- La lecture d'un essai, d'une fable ou d'un conte philosophique ne peut-elle apporter autre chose que l'instruction et le divertissement ?

À toutes ces questions, l'élève doit apporter ses propres réponses, qui seront essentiellement liées à son analyse des textes du corpus, à ses connaissances de cours et à sa culture personnelle.

Ce travail de recherche d'idées n'est guidé, à ce stade, que par la délimitation du sujet. Il est encore en grande partie spontané. La formulation de la problématique, puis l'élaboration du plan permettront ensuite d'affiner le classement et d'ordonner définitivement les idées (→ CHAPITRE 2, II, p. 47).

TROUVER UNE PROBLÉMATIQUE

À l'issue du classement des idées, la problématique devient un fil directeur qui va orienter la réflexion de l'élève.

Qu'est-ce qu'une problématique ?

La problématique est l'une des questions essentielles que le sujet met en jeu. Concernant l'exemple du sujet 14, on peut établir la problématique de la façon suivante : le sujet prend en considération le projet de l'auteur, ses visées (« Nous avons tâché de joindre l'agréable à l'utile »), ainsi que la réception de l'œuvre par le lecteur (« Les personnes de tout état trouveront de quoi s'instruire en s'amusant »). Il invite tout d'abord à se demander si la visée exprimée par Voltaire est celle qui domine dans la littérature d'idées. Il pose également la question de savoir s'il y a adéquation entre le projet d'un auteur et la façon dont le lecteur perçoit son œuvre. En d'autres termes, quand la littérature d'idées s'efforce effectivement de « joindre l'agréable à l'utile », il reste à savoir dans quelle mesure elle y parvient.

Comment la formuler ?

La formulation de la problématique découle logiquement des précédentes étapes de l'analyse du sujet. Elle est souvent présentée sous la forme d'une question, qui apparaîtra dans l'introduction pour présenter la réflexion d'ensemble qui structure le devoir. La conclusion devra répondre précisément à cette question. On peut la formuler ainsi : dans des genres à visée didactique, « joindre l'agréable à l'utile » permet-il une meilleure réception du lecteur, ou au contraire risque-t-il de disperser l'attention de ce dernier ?

L'analyse du sujet et la formulation de la problématique sont d'autant plus importantes qu'elles vont permettre de bâtir un plan.

2 Bâtir un plan

La dissertation doit nécessairement suivre un plan. Or le sujet, tel qu'il est formulé, apparaît souvent comme un guide pour bâtir ce plan. On peut proposer une classification des sujets en fonction de leurs attentes respectives et des types de plans qui leur correspondent :
– les sujets qui invitent à la discussion : ils conduiront à un plan dialectique ;
– les sujets qui posent une question ouverte : ils invitent à un plan thématique ;
– les sujets qui invitent à expliquer et à illustrer une thèse : ils donneront lieu à un plan analytique.

LE PLAN DIALECTIQUE

Définition

Le plan dialectique est le plan que l'on résume d'ordinaire par la formule thèse/antithèse/synthèse. Les textes officiels décrivent ainsi son fonctionnement :

> Une proposition est présentée aux élèves, sous la forme d'un jugement ; ils sont invités à en dégager tous les arguments et à en apprécier le bien-fondé ; puis il s'agit d'envisager les arguments qui divergent d'avec ce point de vue initial, voire s'y opposent ; dans un troisième temps enfin, les élèves prennent eux-mêmes position.
>
> *Français classes de seconde et de première*, Accompagnement des programmes CNDP, septembre 2001, p. 96.

Ainsi, la première partie tend à valider le jugement soumis à réflexion, c'est-à-dire à développer la thèse soutenue, tandis que la deuxième partie vise à nuancer ce jugement en en montrant les limites. La troisième partie invite l'élève à dépasser la confrontation de ces deux parties, en évoquant d'autres problèmes soulevés par le sujet ainsi que son jugement personnel (→ EXEMPLE, p. 51).

Les sujets concernés par ce type de plan

Les sujets de dissertation qui se prêtent à un plan dialectique paraissent, dans leur formulation, faits pour être remis en question.

Le plus souvent, ils comportent une citation exprimant l'opinion d'un auteur, ou d'un critique, suivie d'une consigne du type :
- dites quelles sont les limites de ce jugement ;
- souscrivez-vous totalement à ce jugement ?
- dans quelle mesure peut-on adhérer à cette opinion ?
- discutez ce jugement ;
- que pensez-vous de cette affirmation ?

Ce sont souvent les citations ou les jugements d'auteurs et de critiques à forte connotation polémique qui se prêtent à un plan dialectique.

On peut envisager de traiter certains sujets en deux parties seulement, l'une consacrée à la thèse, l'autre à l'antithèse. On parlera alors de plan critique.

Dans le plan critique, l'ordre des parties est lié à la position que l'élève souhaite privilégier. Ainsi, on pourra opter pour l'ordre thèse puis antithèse, si les arguments qui contredisent le jugement exprimé sont plus nombreux que ceux qui l'étayent. L'élève devra tout au long de ces deux parties élargir la discussion en apportant des appréciations personnelles qui émanent de ses connaissances sur le sujet.

Définition

Le plan thématique est étroitement lié aux idées et aux connaissances que chaque élève a du sujet et de l'objet d'étude concerné.

En effet, si ce type de sujet admet deux ou trois parties, elles ne sont pas prédéterminées par le sujet lui-même, mais par les connaissances de l'élève. Il s'agit de puiser dans sa culture scolaire et personnelle pour développer le sujet en proposant différents arguments susceptibles de répondre à la question posée.

Ce plan ne doit pas être un plan catalogue. Il ne doit pas comporter plus de trois parties. Si plusieurs idées semblent essentielles, il faut effectuer des regroupements thématiques (→ EXEMPLE, p. 53).

Les sujets concernés par ce type de plan

Le plan thématique est appelé par des sujets exprimés sous forme de questions qui demandent à l'élève d'organiser lui-même sa réflexion, en structurant son point de vue selon ses connaissances et non de confronter entre elles la thèse et l'antithèse. Ces sujets portent fréquemment sur les fonctions de genres littéraires comme la poésie, le théâtre, le roman, et font souvent appel explicitement au jugement personnel de l'élève.

Les questions posées sont des interrogations partielles, c'est-à-dire des questions auxquelles on doit répondre en apportant soi-même les informations nécessaires.

En voici quelques exemples :

– Quelles sont les fonctions de la poésie ?
– Quels sont les principaux intérêts de l'autobiographie ?
– Quelles émotions une pièce de théâtre peut-elle procurer au spectateur ?

Définition

Le plan analytique permet d'analyser de manière méthodique un jugement portant sur une question littéraire. Il invite l'élève à expliquer et à illustrer ce jugement plutôt qu'à le discuter. Le plan analytique comporte deux ou trois parties. Pour le bâtir, l'élève doit partir de la citation et la décomposer pour en dégager les idées principales (→ EXEMPLE, p. 56). À la différence du plan thématique, l'idée directrice de chaque partie de la dissertation ne doit pas être trouvée par l'élève lui-même, car elle est issue de la citation.

Si la citation comporte trois idées majeures, chacune d'elle fera l'objet d'une partie ; si elle en contient davantage, l'élève devra procéder à des regroupements afin de ne pas excéder trois parties. Si la citation fait apparaître deux idées importantes, chacune d'elles sera analysée dans une partie de la dissertation ; dans ce dernier cas, l'élève pourra ajouter une troisième partie, qui lui permettra d'élargir la réflexion en apportant une appréciation personnelle sur le sujet proposé.

Les sujets concernés par ce type de plan

Les sujets qui appellent un plan analytique invitent l'élève à consacrer l'ensemble de la dissertation à montrer la pertinence ou l'absence de pertinence de ce jugement. Ils présentent deux caractéristiques :

– ils comportent une longue citation qui constitue un jugement argumenté sur une notion littéraire (en général un genre ou un registre) ;
– ils sont suivis d'une consigne qui appelle explicitement à développer ou à réfuter le jugement exprimé dans la citation.

S'il s'agit de développer le jugement exprimé, la consigne sera formulée en ces termes :

– commentez cette réflexion à l'aide d'exemples qui en montrent la validité ;
– développez cette thèse à l'aide d'exemples, etc.

S'il s'agit de critiquer le jugement exprimé dans la citation, la consigne s'énoncera de la manière suivante :
- réfutez la thèse de l'auteur ;
- critiquez cette conception de la poésie ;
- montrez les limites de ce jugement, etc.

EXEMPLE DE PLAN DIALECTIQUE

Pour illustrer le plan dialectique, nous nous appuierons sur le sujet 14, dont l'analyse a été menée au chapitre 1 (p. 39-46).

SUJET 14

Objet d'étude : l'argumentation : convaincre, persuader et délibérer

Dans la préface du *Dictionnaire philosophique* (1765), Voltaire affirme : « Nous avons tâché de joindre l'agréable à l'utile, n'ayant d'autre mérite et d'autre part à cet ouvrage que le choix. Les personnes de tout état trouveront de quoi s'instruire en s'amusant. »

Dans quelle mesure ces principes peuvent-ils s'appliquer aux essais, fables et contes philosophiques que vous connaissez ?

Proposition de plan

Le plan dialectique se décline en trois parties. Dans une première partie, il s'agit de défendre la thèse de Voltaire, selon laquelle il faut instruire en s'amusant. Dans une deuxième partie, il convient de la nuancer, sans toutefois la contredire, en montrant en quoi le divertissement peut nuire à l'instruction. Dans une troisième partie, on doit trouver un autre angle d'analyse qui permette de réconcilier les deux jugements précédents : dans cet exemple, on montrera que l'« agréable » n'est pas toujours indispensable à la littérature d'idées.

I/UNE DOUBLE VISÉE

Il s'agit, dans cette partie, appelée « thèse », d'apprécier le bien-fondé du jugement de Voltaire, en montrant que la littérature d'idées associe souvent plaisir et enseignement. Il ne s'agit pas d'une visée voulue uniquement par Voltaire, mais également par d'autres auteurs de différentes époques. Ainsi, l'élève devra s'appuyer sur des exemples empruntés au genre de la fable (*Fables* de La Fontaine, notamment), du conte philosophique (contes de Voltaire, notamment) et du genre de l'essai (par exemple, les *Essais* de Montaigne) Il devra montrer les variantes d'un genre à l'autre en s'appuyant sur les trois formes de l'argumentation, convaincre, persuader et délibérer.

II/Un obstacle à la réception de l'œuvre

Dans cette partie, que l'on appelle l'« antithèse », il s'agira de montrer les limites de la thèse de Voltaire en dénonçant l'ambition didactique qui peut nuire au divertissement et vice-versa. On peut nuancer le jugement de Voltaire en posant le problème de la réception du lecteur : l'essai, la fable et le conte philosophique parviennent-ils réellement à instruire et à divertir ? Est-ce que l'on ne dévalorise pas le message didactique en l'exprimant de façon ludique ? L'élève pourra s'appuyer par exemple sur les critiques que Rousseau adresse aux *Fables* (1668-1694) de La Fontaine dans *l'Émile* (1762), expliquant que la transposition allégorique, c'est-à-dire le besoin de recourir à des symboles et à l'univers des objets ou des animaux pour dénoncer les travers humains, nuit à la clarté du message.

III/Le recours possible à d'autres registres de la littérature d'idées

Il s'agit dans cette dernière partie, dénommée la « synthèse », de dépasser l'opposition des deux premières pour montrer que la recherche de l'agréable ne rend pas compte de toute la littérature d'idées : bien d'autres démarches sont possibles, et peut-être même souhaitables. On peut se demander si la visée de l'auteur s'applique aussi bien à l'essai, à la fable et au conte philosophique. Ainsi, les essais, en principe plus sérieux que les fables ou les contes, expriment sans détour les idées de leurs auteurs. Ils sont peut-être, pour cette raison, plus à même de convaincre, c'est-à-dire de s'adresser à la raison des lecteurs.

Par ailleurs, la lecture d'un essai, d'une fable ou d'un conte philosophique ne peut-elle apporter autre chose que l'instruction et le divertissement ? Ainsi, les registres pathétique ou polémique, souvent utilisés dans les textes argumentatifs (y compris par Voltaire lui-même), peuvent fournir d'autres armes, qui sembleront parfois plus efficaces que celle du divertissement.

EXEMPLE DE PLAN THÉMATIQUE

SUJET 15

Objet d'étude : le théâtre, texte et représentation

Quelles sont, selon vous, les fonctions du comique ?

Vous répondrez à cette question en vous appuyant sur les textes du corpus, sur vos connaissances personnelles, ainsi que sur les textes étudiés pendant l'année.

Analyse du sujet

L'objet d'étude précisé en tête du sujet oblige à limiter le traitement de la question posée au théâtre dans sa spécificité comme texte et comme représentation.

Le sujet invite l'élève à définir et à analyser la notion de comique en la mettant en relation avec des genres littéraires précis comme la comédie[1], la farce[2], le vaudeville[3]. Mais cette notion renvoie également au registre comique, qui cherche à provoquer le rire au moyen de divers procédés (jeux de mots, décalages, situations

1. *Comédie* : au sens classique du terme, « c'est une pièce de ton moyen, ni élevé (tragédie), ni bas et grossier (farce), en cinq actes et en vers, qui met en scène des personnages ordinaires de la bourgeoisie ou de la petite noblesse. [...] L'intrigue repose sur une contrariété amoureuse dont le dénouement est nécessairement heureux » (*La Littérature de A à Z,* sous la direction de C. Eterstein, Hatier, 1998, p. 104). C'est Molière qui fait du rire un élément constitutif de la comédie.
2. *Farce* : « courte pièce d'un comique bas et grossier » (*La Littérature de A à Z, op. cit.*).
3. *Vaudeville* : « comédie d'intrigue particulièrement populaire dans les théâtres des Grands Boulevards au XIXe siècle (d'où l'expression théâtre de boulevard pour désigner des pièces recourant à des scénarios simplistes et stéréotypés, brodant souvent autour du thème de l'adultère et privilégiant les effets comiques appuyés) » (*La Littérature de A à Z, op. cit.,* p. 449).

absurdes, etc.). L'étude du registre permet d'étendre la portée du sujet à des passages comiques appartenant à des œuvres qui n'ont pas été essentiellement écrites pour faire rire, notamment dans le théâtre moderne. Une fois la notion définie et analysée, le sujet invite à dépasser l'évidence selon laquelle le comique est ce qui vise à faire rire, pour s'interroger sur les fonctions des textes comiques. Il s'agit donc, pour l'élève, de se demander si le rire est recherché pour lui-même ou bien à d'autres fins.

Proposition de plan

Si le comique au théâtre est source de plaisir, de divertissement, il peut également permettre de faire passer un message et aider ainsi le spectateur à prendre de la distance par rapport à la réalité. Pour répondre à la question posée par le sujet, le plan s'attachera à développer ces trois arguments.

I/UNE SOURCE DE DIVERTISSEMENT

La fonction première du comique est bien sûr le divertissement. Faire rire paraît être la principale ambition de la farce du Moyen Âge (par exemple *La Farce de Maître Pathelin,* XVe siècle). C'est aussi le but d'un auteur comme Molière lorsqu'il reprend, dans ses comédies aux intrigues plus complexes, des procédés farcesques (déguisements, coups de bâtons, quiproquos, etc., sont par exemple utilisés dans *Les Fourberies de Scapin,* 1761).

Au XIXe siècle, le genre du vaudeville, dont Labiche, Feydeau et Courteline sont les principaux représentants, vise lui aussi essentiellement à divertir.

II/UNE FONCTION CRITIQUE

Au-delà du divertissement, le comique, au théâtre, a souvent pour fonction de dénoncer et de critiquer les mœurs, tel aspect de la société ou tel groupe d'individus. Ainsi, la plupart des pièces de Molière ont une cible : les faux dévots dans *Tartuffe* (1664), les mondains dans *Le Misanthrope* (1666), les pédants dans *Les Femmes savantes* (1662), les médecins dans *Le Malade imaginaire* (1673), etc.

Lorsque Molière tourne en ridicule ses personnages, il attaque donc indirectement certains des travers de son époque[1].

Cette dimension critique du théâtre comique ne s'est jamais démentie. On la rencontre jusque dans le théâtre contemporain. Par exemple, la farce de George Tabori[2], intitulée *Mein Kampf* (1987) utilise l'arme de la dérision pour dénoncer l'horreur du nazisme.

III/Le comique comme exutoire

Le comique permet enfin une prise de distance du spectateur par rapport à une réalité difficile. C'est ainsi que nombre d'auteurs comme Samuel Beckett (*En attendant Godot,* 1953 ; *Fin de partie,* 1975) ou Eugène Ionesco (*La Cantatrice chauve,* 1950) tournent en dérision le langage considéré comme impuissant et l'existence humaine présentée comme absurde. Mais les procédés comiques donnent au spectateur l'occasion de rire de la condition humaine, de prendre du recul par rapport à ses propres angoisses existentielles. Ce comique de l'absurde joue donc le rôle d'un exutoire.

---

1. Cette ambition critique, qui vient s'ajouter au simple divertissement, est d'ailleurs affirmée par Molière dans une citation célèbre : « Le devoir de la comédie étant de corriger les hommes en les divertissant, j'ai cru que, dans l'emploi où je me trouve, je n'avais rien de mieux à faire que d'attaquer par des peintures ridicules les vices de mon siècle » (Premier placet au roi, sur *Tartuffe*, 1664).

2. Georges Tabori est un dramaturge né en Hongrie en 1914, dans une famille d'intellectuels juifs. Il a vécu à Berlin jusqu'en 1933, avant d'émigrer à Londres puis aux États-Unis, où ses premières pièces ont été montées. Menacé par le maccarthysme, il a fui les États-Unis pour l'Allemagne, puis l'Autriche. Il écrit (*Mein Kampf, Weisman et Copperface, Variations Goldberg...*) et met en scène ses propres pièces, ainsi que celles d'autres auteurs (*Fin de partie* de Beckett, par exemple).

SUJET 16

Objet d'étude : l'autobiographie

« Qui se confesse ment, et fuit le véritable vrai, lequel est nul, ou informe, et, en général, indistinct. Mais la confidence toujours songe à la gloire, au scandale, à l'excuse, à la propagande. »

Commentez cette réflexion de Paul Valéry (« Stendhal », dans *Variété*, 1929) en vous appuyant sur des exemples d'écrits autobiographiques (mémoires, autobiographies, journaux intimes, romans autobiographiques, etc.) qui en illustrent la pertinence.

Analyse du sujet

Ce sujet pose le problème de la vérité dans l'autobiographie, vérité que Paul Valéry déclare impossible à atteindre. La citation suggère également que les écrivains ne recherchent pas la sincérité. Autrement dit, non seulement on ne peut accéder à la vérité par l'écriture autobiographique, mais en outre les écrivains eux-mêmes ne recherchent pas cette vérité. En effet, d'après Paul Valéry, ce sont toujours des motifs immoraux et peu avouables qui conduisent les auteurs à raconter leur vie : « la gloire », le « scandale », « l'excuse » ou encore « la propagande ». En aucun cas, ceux-ci ne recherchent l'authenticité, ni ne pratiquent une confession « gratuite », désintéressée.

Proposition de plan

Ce sujet, tel qu'il est posé, incite l'élève à chercher des exemples d'écrits autobiographiques pour illustrer les deux idées directrices de la citation de Paul Valéry : on s'attachera, dans la première partie, à montrer l'incapacité du récit autobiographique à dire la vérité (« Qui se confesse ment, et fuit le véritable vrai... ») ; alors que seront analysés dans la deuxième partie du devoir les motifs inavoués des confessions prétendument autobiographiques (« la confidence toujours songe à la gloire, au scandale, à l'excuse, à la propagande »).

Dans une troisième partie, on élargira la réflexion en se demandant quelle vérité le lecteur attend du récit autobiographique.

I/Les mensonges du récit autobiographique

Dans cette partie, il s'agit de mettre en évidence les mensonges dénoncés par Paul Valéry, puisque pour lui, la vérité n'existe pas dans le récit autobiographique.

On peut donner quatre explications à ce phénomène :

– En premier lieu, tout dépend du « pacte autobiographique » contracté par l'auteur, qui varie en fonction de l'appartenance du texte au récit autobiographique. En effet, s'il s'agit d'une autobiographie au sens strict définie selon Philippe Lejeune comme un « récit rétrospectif en prose que quelqu'un fait de sa propre existence, quand il met l'accent sur sa vie individuelle, en particulier sur l'histoire de sa personnalité », l'auteur établit avec le lecteur un pacte de sincérité. C'est ce que fait Rousseau au début des *Confessions*. Mais dans le cas d'un roman autobiographique, une part d'invention, de fiction, s'ajoute aux événements réellement vécus par l'auteur (*L'Enfant* de Jules Vallès, 1879).

– En deuxième lieu, le caractère mensonger s'explique par la trahison de la mémoire : l'autobiographie est « un récit rétrospectif », qui oblige le narrateur à un retour dans le passé ; or, les souvenirs ne sont pas toujours fidèles à la réalité.

– En troisième lieu, la prise en compte de témoignages extérieurs contribue à fausser la vérité, dans la mesure où l'auteur raconte des faits dont il n'a pas personnellement le souvenir (sa naissance, les premières années de sa vie...). Le narrateur fait appel au témoignage d'autrui, dont rien ne garantit qu'il est fiable.

– Enfin, la vérité se heurte à la relecture inévitable du passé : des événements peuvent prendre, avec le recul, un sens différent de celui qu'ils avaient à l'origine. On réinterprète souvent le passé à la lumière de faits postérieurs.

II/Les motivations tacites des confessions autobiographiques

Dans cette deuxième partie, il s'agit d'analyser les véritables motivations des confessions autobiographiques, dès lors que celles-ci n'expriment pas la vérité sur leurs auteurs.

D'après Paul Valéry, non seulement la vérité est absente de l'autobiographie, mais en outre, elle n'est même pas recherchée par les auteurs. Le récit qu'ils font de leur propre vie répond à d'autres motivations :

– La « gloire », le « scandale » : ces notions renvoient à une quête de notoriété de la part de l'auteur. Le récit de sa vie va donc chercher à mettre en valeur sa personnalité, en ne conservant que les faits les plus valorisants pour lui (la « gloire »), ou du moins les plus marquants, les plus frappants (le « scandale »), en éliminant tout ce qui est banal. On peut évoquer *Les Mots* (1963) de Sartre qui retrace un parcours intellectuel.

– « L'excuse » : la confession autobiographique répond souvent à la volonté de se justifier, de montrer aux autres que ses actions ont un sens. *Les Confessions* (1782-1789) de Rousseau illustrent cette ambition de plaider sa propre cause à travers l'autobiographie.

– La « propagande » : cette notion, qui prend une connotation politique, montre que l'autobiographie n'est pas un récit neutre et objectif, mais sert les intérêts d'une personne ou d'un parti. On peut tout particulièrement appliquer ce jugement au genre littéraire des mémoires, qui privilégient le récit des événements historiques, au détriment de la vie privée de l'auteur. Ainsi, les *Mémoires d'outre-tombe* (1803-1846) de Chateaubriand présentent une vision très négative de la Révolution française.

III/Que peut-on attendre d'un récit autobiographique ?

Dans cette troisième partie, il s'agit d'élargir la réflexion en s'interrogeant sur la nature même du récit autobiographique.

Si l'on admet que « qui se confesse ment », et que l'auteur cherche toujours à cacher ses véritables intentions, on peut toutefois se demander si le plaisir du récit autobiographique ne réside pas ailleurs que dans la recherche de la vérité.

Car en fait qu'est-ce que dire la vérité ? Prétendre à une objectivité absolue dans un récit autobiographique semble vain. Il se pourrait qu'une personnalité se décèle aussi dans ses non-dits, ses omissions, ses doutes. C'est ainsi que Jean Starobinski[1], célèbre critique, s'appuie sur les *Confessions* pour cerner la personnalité complexe de Rousseau, y compris dans ses mensonges ou ses tentatives de justification.

La vérité n'appartient-elle pas en fin de compte au lecteur ? En effet, le récit autobiographique doit rester une œuvre ouverte, et ne prétend pas être autre chose que la vision forcément restrictive d'un individu. C'est au lecteur de se l'approprier. Dans *Si c'est un homme* (1947), Primo Levi ne se donne pas comme juge de l'horreur du nazisme, il parle au nom de son expérience individuelle. Libre au lecteur de reconstituer la vérité en fonction de ses connaissances historiques ou de sa propre individualité.

1. Jean Starobinski, J.-J. *Rousseau. La Transparence et l'Obstacle*, Gallimard, 1958.

3 Trouver des arguments et des exemples

Après avoir analysé le sujet de la dissertation, l'élève doit élaborer le plan en utilisant des arguments et des exemples. La recherche d'arguments découle de l'analyse du sujet et de la réflexion personnelle de l'élève. Quant aux exemples, ils lui sont fournis par le corpus de textes, par ses connaissances sur l'objet d'étude, ainsi que par sa culture personnelle.

La dissertation doit en effet s'appuyer sur de nombreux exemples qui viennent illustrer les arguments. Mais l'élève ne peut pas se contenter de citer les exemples. Il doit les développer et les analyser afin de démontrer leur pertinence.

Pour illustrer la méthode, nous nous appuierons essentiellement sur le sujet suivant, qui s'inscrit dans le cadre de l'objet d'étude sur les réécritures.

SUJET 17

Objet d'étude : les réécritures

Réécrire, est-ce copier ou réinventer ?
Vous répondrez à cette question en un développement composé, prenant appui sur les textes du corpus, sur ceux que vous avez étudiés en classe et sur vos références personnelles dans le domaine de la littérature, mais aussi des autres arts (peinture, cinéma, etc.).

Ce sujet s'appuie sur un corpus de trois textes placés en fin de chapitre : TEXTE **A** — Ésope, « Le Chêne et le Roseau », *Fables* (Ve siècle av. J.-C.). / TEXTE **B** — Jean de La Fontaine, « Le Chêne et le Roseau », *Fables* (1668-1694). / TEXTE **C** — Jean Anouilh, « Le Chêne et le Roseau », *Fables* (1967), Éditions de la Table Ronde.

Il est important de savoir différencier les arguments qui étayent une thèse des exemples qui les illustrent. L'exemple ne saurait avoir, à lui seul, une valeur argumentative.

Les arguments

Les arguments sont des idées qui développent un point de vue, des preuves qui servent à justifier une opinion. Ils peuvent être reliés à la thèse développée par une relation de cause (parce que, car, en effet, etc.).

Dans le sujet 17, il faut trouver des arguments permettant d'évaluer le bien-fondé de chacune des thèses proposées dans l'alternative.

Considérons le premier terme de l'alternative : « Réécrire, c'est copier… » On peut étayer cette thèse en utilisant l'argument selon lequel la réécriture reprend à l'œuvre originale une ou plusieurs de ses caractéristiques : ses thèmes, son genre, sa structure, ses personnages, son titre, etc. (argument n° 1).

Considérons maintenant le deuxième terme de l'alternative : « Réécrire, c'est réinventer ». Il peut être étayé par l'argument selon lequel on peut réécrire en changeant de genre littéraire, de registre, de forme, de sens, etc. (argument n° 2) ou par celui selon lequel on peut réécrire en choisissant une autre forme d'expression artistique (argument n° 3).

Il est préférable d'avoir recours à deux arguments au moins pour étayer une thèse ou bien la contredire.

Les exemples

Les exemples viennent illustrer et renforcer les arguments. Alors que les arguments exposent des idées générales, les exemples, eux, présentent un cas de figure particulier qui en est l'application.

Dans le sujet 17, on peut faire correspondre un exemple à chacun des arguments énumérés.

Exemple illustrant l'argument n° 1

Les trois textes du corpus sont des fables intitulées « Le Chêne et le Roseau ». Il y a donc reprise du genre littéraire et du titre, entre le texte original de Ésope (texte A) et ses réécritures (textes B et C).

Exemple illustrant l'argument n° 2

Les fables des textes de La Fontaine et de Anouilh (B et C) sont écrites en vers, alors que celle du texte de Ésope (A) est en prose (changement de forme).

Exemple illustrant l'argument n° 3

L'adaptation cinématographique d'une œuvre littéraire, comme celle de *Madame Bovary* de Flaubert par Claude Chabrol, est une forme de réécriture qui oblige à réinventer.

COMMENT TROUVER DES ARGUMENTS ET DES EXEMPLES

Les arguments et les exemples qui les illustrent permettent de nourrir la réflexion en assurant sa progression.

Les arguments

Les arguments se nourrissent de la réflexion personnelle de l'élève après l'analyse du sujet (→ CHAPITRE 1, II, p. 37). Il arrive parfois que ce soit à partir d'un exemple du corpus ou du souvenir d'une lecture personnelle que l'on trouve un argument permettant de répondre au sujet.

Quand on a des difficultés à trouver des arguments, on peut donc procéder à l'inventaire des exemples dont on dispose sur l'objet d'étude, en rapport avec le sujet. Ce travail peut permettre de trouver des arguments.

Par exemple, si l'on a étudié au cours de l'année *Antigone* de Jean Anouilh (1944), réécriture de l'œuvre de Sophocle (441 av. J.-C.), on peut raisonner à partir de l'exemple pour trouver l'argument suivant : la réécriture n'est pas une simple copie, puisque l'auteur est nécessairement influencé par son époque. Il donne à l'histoire une autre signification, au XXe siècle, que celle qu'elle avait au Ve siècle avant J.-C. Alors que Sophocle voulait montrer le poids de la fatalité, Anouilh place l'action de sa pièce sous l'Occupation, pendant la Seconde Guerre mondiale, et se livre à un plaidoyer pour encourager l'esprit de révolte face à une humanité qui vacille et qui voit ses valeurs s'effondrer.

Pour s'assurer que son idée constitue bien un argument, on peut :
– la relier à la thèse que l'on veut défendre à l'aide d'un connecteur logique de cause ou d'explication et voir si l'enchaînement des idées est cohérent. Exemple : on peut considérer que réécrire, c'est réinventer. *En effet,* un auteur modifie nécessairement l'œuvre originale en fonction de l'époque et du contexte dans lequel il se livre à cette réécriture ;
– vérifier que l'argument s'applique à un autre exemple.

Les exemples

La consigne du sujet de dissertation précise généralement quelles sont les trois sources principales où il faut puiser pour trouver les exemples : les textes du corpus, ses connaissances sur l'objet d'étude, ses lectures personnelles.

Dans les textes du corpus (→ p. 65-68)

Les textes du corpus doivent obligatoirement être utilisés au cours de la dissertation, car ils sont toujours en rapport avec le sujet proposé. Parfois, la ou les question(s) de la première partie de l'épreuve permet(tent) de relire ces textes dans une perspective proche de celle du sujet de dissertation (→ CHAPITRE 4, I, p. 28).

Les textes du corpus peuvent illustrer différents aspects du sujet et prendre place dans plusieurs parties de la dissertation. À l'inverse, ils n'éclairent parfois qu'un aspect limité du sujet.

Exemple : la fable de Jean Anouilh (texte B), qui est une réécriture de la fable de La Fontaine (texte A), illustre les deux notions importantes du sujet :

– « copier » : le vers 1 est strictement copié sur le texte de La Fontaine (c'est une citation), ce qui est un moyen pour l'auteur d'expliciter sa référence, de la mettre en évidence aux yeux du lecteur ;
– « réinventer » : la morale de la fable de Jean Anouilh modifie celle de La Fontaine en la nuançant. Alors que le texte A donne raison au faible (le roseau) au détriment du fort (le chêne), le texte B rétablit un équilibre entre les protagonistes : certes, le chêne est prétentieux, mais le roseau, lui, est arrogant.

Dans ses connaissances sur l'objet d'étude

Il est indispensable de ne pas se limiter aux textes du corpus et de trouver d'autres exemples, notamment dans ses connaissances de cours sur l'objet d'étude concerné.

L'objet d'étude, qui porte sur « les réécritures », a pu être abordé au cours de l'année selon divers aspects :
– l'étude d'un mythe (ex : le mythe de Don Juan) ;
– le pastiche ou la parodie (ex : parodie des *Fables* de La Fontaine par Raymond Queneau) ;
– l'adaptation cinématographique d'une œuvre littéraire (ex : *La Bête humaine* de Zola adapté par Renoir). On peut alors examiner quels sont les éléments que le cinéaste a choisi de privilégier par rapport à l'œuvre de l'écrivain. On peut en déduire certains partis pris.

Ce travail doit être réutilisé pour traiter le sujet de dissertation. Dans le sujet 17, on peut par exemple utiliser le travail sur le mythe de Don Juan pour illustrer la notion de réécriture. En effet, Molière transforme le personnage de Don Juan dans la pièce éponyme (1665) par rapport à l'image qu'en donne Tirso de Molina dans *Don Juan ou l'Abuseur de Séville* (1630). Si chez Tirso de Molina, Don Juan Tenorio est un libertin qui déshonore toutes les femmes qu'il rencontre, mais qui croit cependant en Dieu, chez Molière, Dom Juan est un athée et un impie, qui ne cesse de provoquer le Ciel. Le personnage est donc endurci dans la version de Molière.

Dans ses lectures personnelles

Les lectures personnelles liées aux objets d'étude au programme sont indispensables. La dissertation devant être nourrie d'exemples nombreux, il est nécessaire de compléter le cours par d'autres lectures[1], surtout en série littéraire.

Dans ses connaissances non littéraires

Certains sujets invitent à étendre la réflexion à d'autres arts que la littérature. Les objets d'étude qui se prêtent plus facilement à cette ouverture sont ceux qui ne portent pas spécifiquement sur un genre littéraire : « L'argumentation : convaincre, persuader et délibérer », « Les réécritures » et « L'autobiographie ».

Dans le cas du sujet 17, on propose d'utiliser notamment des exemples empruntés au cinéma ou à la peinture. L'élève peut chercher ses exemples dans deux principales directions :
– d'une part, les réécritures qui font changer de mode d'expression artistique : œuvres cinématographiques adaptées d'œuvres littéraires, représentation picturale d'un mythe littéraire ;
– d'autre part, les réécritures au sein même d'un art : remakes cinématographiques (*Psychose* d'Alfred Hitchcock et de Gus van Sant) ou réécritures picturales (*La Joconde* de Léonard de Vinci transformée en *Joconde aux clefs* par Fernand Léger…).

CORPUS

Texte A

Ésope, *Fables* (Ve siècle av. J.-C.).

Le Chêne et le Roseau

Le chêne et le roseau disputaient de leur force, lorsqu'un vent violent se leva. Le roseau, courbé et ployant sous les

1. Voir bibliographie par objet d'étude p. 140.

tourbillons, évita d'être déraciné ; le chêne, qui voulut résister, le fut, et s'abattit.

La fable montre que face à plus fort que soi, rivalité ou résistance ne sont pas de mise.

Texte B

Jean de La Fontaine, *Fables* (1668-1694).

Le Chêne et le Roseau

Le Chêne un jour dit au Roseau :
« Vous avez bien sujet d'accuser la Nature ;
Un Roitelet pour vous est un pesant fardeau.
Le moindre vent qui d'aventure
Fait rider la face de l'eau,
Vous oblige à baisser la tête :
Cependant que mon front, au Caucase pareil,
Non content d'arrêter les rayons du soleil,
Brave l'effort de la tempête.
Tout vous est aquilon ; tout me semble zéphir.
Encor si vous naissiez à l'abri du feuillage
Dont je couvre le voisinage,
Vous n'auriez pas tant à souffrir :
Je vous défendrais de l'orage ;
Mais vous naissez le plus souvent
Sur les humides bords des Royaumes du vent.
La Nature envers vous me semble bien injuste.
— Votre compassion, lui répondit l'Arbuste,
Part d'un bon naturel ; mais quittez ce souci.
Les vents me sont moins qu'à vous redoutables.
Je plie et ne romps pas. Vous avez jusqu'ici
Contre leurs coups épouvantables
Résisté sans courber le dos ;
Mais attendons la fin. » Comme il disait ces mots,
Du bout de l'horizon accourt avec furie

Le plus terrible des enfants
Que le Nord eût porté jusque-là dans ses flancs.
L'Arbre tient bon ; le Roseau plie.
Le vent redouble ses efforts,
Et fait si bien qu'il déracine
Celui de qui la tête au ciel était voisine,
Et dont les pieds touchaient à l'empire des morts.

Texte C

Jean Anouilh, *Fables* (1962), © Éditions de la Table Ronde.

Le Chêne et le Roseau

Le chêne un jour dit au roseau :
« N'êtes-vous pas lassé d'écouter cette fable ?
La morale en est détestable ;
Les hommes bien légers de l'apprendre aux marmots.
Plier, plier toujours, n'est-ce pas déjà trop,
Le pli de l'humaine nature ? »
«Voire, dit le roseau, il ne fait pas trop beau ;
Le vent qui secoue vos ramures
(Si je puis en juger à niveau de roseau)
Pourrait vous prouver, d'aventure,
Que nous autres, petites gens,
Si faibles, si chétifs, si humbles, si prudents,
Dont la petite vie est le souci constant,
Résistons pourtant mieux aux tempêtes du monde,
Que certains orgueilleux qui s'imaginent grands. »

Le vent se lève sur ces mots, l'orage gronde.
Et le souffle profond qui dévaste les bois,
Tout comme la première fois,
Jette le chêne fier qui le narguait par terre.
« Hé bien, dit le roseau, le cyclone passé –
Il se tenait courbé par un reste de vent –

Qu'en dites-vous donc mon compère ?
(Il ne se fût jamais permis ce mot avant)
Ce que j'avais prédit n'est-il pas arrivé ? »
On sentait dans sa voix sa haine
Satisfaite. Son morne regard allumé.
Le géant, qui souffrait, blessé,
De mille morts, de mille peines,
Eut un sourire triste et beau ;
Et, avant de mourir, regardant le roseau,
Lui dit : « Je suis encore un chêne. »

4 Rédiger la dissertation

La rédaction de la dissertation constitue le point d'aboutissement de la réflexion de l'élève. Aussi doit-elle faire l'objet d'une attention particulière, dans la rédaction de l'introduction, de la conclusion, des parties et des sous-parties, comme dans la présentation du devoir.

Pour illustrer la méthode, nous reprendrons le sujet 15 dont un plan thématique a été proposé au chapitre 2 (p. 53).

SUJET 15

Objet d'étude : le théâtre : texte et représentation

Quelles sont, selon vous, les fonctions du comique ?

Vous répondrez à cette question en vous appuyant sur les textes du corpus, sur vos connaissances personnelles, ainsi que sur les textes étudiés pendant l'année.

ÉCRIRE UNE INTRODUCTION

L'introduction donne la tonalité générale du devoir en présentant la réflexion qui va être menée et conditionne la première impression du correcteur. Aussi est-il important de la rédiger soigneusement.

Elle se compose de trois étapes :
- la présentation du sujet ;
- l'annonce de la problématique ;
- l'annonce du plan.

Présentation du sujet

L'élève doit introduire le sujet en le présentant dans son contexte historique, littéraire et culturel, puis il doit l'énoncer en le reformulant.

Situer le sujet dans son contexte

Pour situer le sujet, il convient d'expliquer son lien avec l'objet d'étude ou le genre littéraire au programme.

On peut introduire le sujet 15, en partant d'une considération générale :

« Le comique occupe une place primordiale au théâtre, dans des genres tels que la comédie ou la farce, ou encore, en tant que registre, dans des textes théâtraux très divers... »

Reformuler le sujet

Il est nécessaire d'énoncer le sujet en le reformulant avec ses propres mots. L'élève ne doit jamais procéder par allusion ni faire comme si le sujet était déjà connu. Mais cette reformulation nécessite une analyse préalable (→ CHAPITRE 1, II, p. 37). Plusieurs cas de figures se présentent, selon que le sujet est formulé sous forme de question ou sous forme de citation.

– Si le sujet est formulé sous forme de question, on peut le reformuler par une interrogation indirecte.

La question « Quelles sont, selon vous, les fonctions du comique ? » pourra être reformulée ainsi : « Or on peut se demander quelles sont les fonctions du comique. » Ici c'est la conjonction de coordination « Or » qui permet d'introduire le sujet.

– S'il s'agit d'une citation courte, on peut la reprendre dans son intégralité.

– S'il s'agit d'une citation longue, on doit rendre compte des principales idées qu'elle contient, et éventuellement citer quelques formules clés.

Annonce de la problématique

Il s'agit d'annoncer la problématique qui ressort de l'analyse du sujet, c'est-à-dire l'une des questions essentielles que le sujet met en jeu. La problématique peut être posée sous forme de question, précédée ou suivie d'une phrase de commentaire qui la précise.

La question « Quelles sont, selon vous, les fonctions du comique ? » implique que le comique peut remplir des fonctions et répondre à des visées différentes. La problématique peut être la suivante : s'agit-il seulement de divertir ou peut-on envisager d'autres fonctions du comique ?

Annonce du plan

La dernière étape de l'introduction consiste à annoncer le plan qui sera suivi dans la dissertation. Il faut que la progression de la réflexion apparaisse clairement à travers les différentes parties et sous-parties. Il est possible de présenter le plan sous la forme de questions. On évitera de préférence les formules « dans un premier temps », « dans un second temps » qui alourdissent le style, ou les banalités du type « nous envisagerons d'abord les avantages, puis les inconvénients ». L'essentiel est de garder une articulation logique.

Le plan du sujet 15 (→ EXEMPLE, p. 53) peut être annoncé en ces termes : « En effet, nous verrons que le divertissement demeure l'un des buts majeurs du comique. Mais le comique est souvent également perçu comme étant propice à l'expression d'une critique sociale ou politique. Ainsi, le comique n'apparaît-il pas comme le moyen offert au spectateur de prendre ses distances par rapport à une réalité difficile ? »

Les connecteurs logiques « en effet », « mais », « ainsi » délimitent les trois parties du devoir dont la dernière est annoncée sous la forme d'une question.

La structure du devoir doit refléter la réflexion menée progressivement par l'élève pour développer et résoudre la problématique identifiée.

Selon le nombre de parties annoncées en introduction, le corps du devoir comprendra deux à trois parties. Chaque partie pourra être subdivisée à son tour en deux ou trois sous-parties.

Rédiger une partie

Une partie est organisée autour d'une idée directrice, qui peut être :
– une thèse ou une antithèse, dans le cas d'un plan dialectique (p. 51) ;
– un thème que l'on a personnellement trouvé, dans le cas d'un plan thématique (p. 53) ;
– un thème issu du sujet, dans le cas d'un plan analytique (p. 56) ;
– une prise de position personnelle organisée autour d'un argument.

Elle peut faire l'objet d'une partie, mais peut également être perceptible à travers les différentes parties.

Le sujet 15 invitant à bâtir un plan thématique (p. 53), les thèmes de chacune des parties développeront explicitement les différentes fonctions du comique :
– I Le divertissement.
– II La critique.
– III Le comique comme exutoire.

Il est important, à chaque début de partie, de résumer en une phrase l'idée directrice développée.

Pour la première partie concernant le divertissement, on peut introduire l'idée directrice ainsi :

« Le comique, dont la fonction première est de faire rire, offre comme visée essentielle le divertissement, le plaisir du spectateur. » Ce qui permet ensuite d'ordonner sa partie en différentes sous-parties.

Rédiger une sous-partie

La sous-partie correspond à un second niveau d'organisation. Elle est consacrée au développement d'un argument permettant de justifier l'idée directrice développée dans la partie.

Une partie comporte deux ou trois sous-parties, elles-mêmes décomposées en paragraphes distincts.

– La première partie du sujet 15 développe l'idée suivante : « Le divertissement constitue une fonction majeure du comique... »

– Une première sous-partie exposera un argument destiné à justifier cette thèse : « [...] parce qu'il est au cœur de certains genres comme la farce, qui ont pour principale ambition d'amuser le spectateur. »

– Une deuxième sous-partie exposera un autre argument servant à justifier la même thèse : « [...] parce que le comique repose souvent sur des procédés (jeux de mots, répétitions...) ou un jeu d'acteurs (coups, chutes, gestes maladroits...) qui visent essentiellement à divertir. »

Chaque argument doit être illustré par un ou plusieurs exemples qui seront analysés dans un paragraphe spécifique pour montrer la pertinence de l'argument choisi.

SOIGNER LES TRANSITIONS

Les arguments ne doivent pas être simplement juxtaposés les uns aux autres. Ils doivent faire l'objet de transitions. Mais il ne suffit pas de sauter une ligne pour marquer une transition, il faut la rédiger en toutes lettres.

Les transitions entre les parties

À la fin d'une partie, il est nécessaire de rédiger une ou deux phrases de transition, qui introduisent la thèse qui sera développée dans la partie suivante. Il faut veiller, lorsqu'on introduit une idée différente, à ne pas critiquer ou contredire la thèse que l'on vient de développer dans la partie précédente, mais à la nuancer en apportant un autre point de vue.

Dans le sujet 15, la transition qui annonce le passage de la première à la deuxième partie du sujet peut être formulée en ces termes :

« Ainsi, le divertissement est une fonction majeure du comique. Mais n'exerce-t-il pas d'autres fonctions ? Ne peut-on pas estimer que, tout en divertissant le spectateur, on exprime un message critique ? »

Ou encore :

« Si le comique a pour fonction et pour effet de divertir le spectateur, il dépasse parfois cette première ambition pour exprimer un message sérieux. La portée critique constitue ainsi un aspect essentiel du comique. »

Les transitions entre les sous-parties

Pour relier les sous-parties les unes aux autres, il faut mettre en évidence leur enchaînement logique à l'aide de connecteurs logiques ou outils d'articulation. Plusieurs cas se présentent :
– soit les arguments s'ajoutent les uns aux autres pour démontrer la même thèse : on utilise alors des connecteurs logiques exprimant l'addition (d'abord, ensuite, enfin...) ;
– soit un argument découle du précédent : on peut alors avoir recours à un connecteur logique exprimant la conséquence (d'où, par conséquent, de sorte que...) ;
– soit un argument apporte une nuance par rapport au précédent : on peut dans ce cas utiliser un connecteur exprimant une opposition ou une correction (mais, cependant, néanmoins...).

ÉCRIRE UNE CONCLUSION

Souvent négligée, la conclusion obéit pourtant à deux objectifs principaux :
– répondre à la problématique annoncée en introduction, en établissant un bilan de la réflexion menée tout au long du devoir ;
– ouvrir de nouvelles perspectives qui n'ont pu faire l'objet d'un développement.

Répondre à la question posée dans l'introduction

Le sujet de la dissertation invite le plus souvent à une prise de position personnelle. En eux-mêmes, le plan du devoir et les idées directrices qui ont été développées permettent de comprendre quelle est la position de l'élève. Mais celle-ci doit être synthétisée dans la conclusion, de manière à répondre explicitement à la question posée dans l'introduction.

Dans le cas d'un sujet qui invite à la discussion, il faut dire clairement si sa position personnelle tend plutôt à valider le jugement exprimé ou à en montrer les limites.

Dans la conclusion au sujet 15, la réponse peut être la suivante : « Si le comique apparaît au premier abord comme un genre ou un registre destiné essentiellement à divertir, une analyse plus approfondie a mis en évidence l'existence d'autres fonctions jugées plus sérieuses, telles que la critique ou la prise de distance par rapport à la réalité. »

Ouvrir d'autres perspectives

Si la dissertation répond à la question posée par le sujet, elle n'épuise pas pour autant la réflexion sur le genre littéraire ou l'objet d'étude au programme. La conclusion peut éventuellement élargir le sujet en ouvrant d'autres pistes de réflexion.

Selon le sujet, l'élève peut :

– Montrer que des problèmes émergent ou restent posés. Dans le sujet 15, le problème de l'équilibre entre une visée divertissante et une fonction jugée plus grave se pose. Une comédie sur le thème de la guerre peut-elle réellement faire rire le spectateur ? Ce rire ne provoque-t-il pas une forme de malaise ?

– Prendre du recul par rapport au sujet et l'examiner à l'échelle de l'histoire littéraire. Si le sujet aborde la question des genres, on peut se demander si l'évolution d'un genre paraît plutôt confirmer le jugement proposé dans le sujet ou au contraire s'en éloigner. Une opinion peut sembler davantage correspondre à une époque de l'histoire littéraire qu'à une autre. Dans le cas du sujet 15, on peut penser que le comique que l'on trouve dans le théâtre populaire ou le théâtre de boulevard relève surtout du comique de divertissement.

– Établir un parallèle avec une autre forme d'expression artistique. Par exemple, on peut élargir la réflexion au cinéma, à la musique ou à la peinture, pour vérifier si les observations faites, valent également pour ces autres formes d'art. En ce qui concerne le sujet 15, on peut se demander par exemple si les fonctions du comique sont les mêmes au cinéma qu'au théâtre. Sans doute peut-on penser que le cinéma d'aujourd'hui possède plus souvent une visée divertissante que le théâtre.

COMMENT PRÉSENTER LA DISSERTATION

Si l'élève est jugé sur la progression de sa réflexion et sur la pertinence des exemples choisis, la présentation de la dissertation joue une part importante dans la lisibilité du devoir. Une bonne présentation est souvent l'indice d'une pensée claire et efficace, alors qu'à l'inverse, une présentation négligée est le signe d'un esprit confus.

L'élève doit soigner l'orthographe, la ponctuation et la syntaxe.

Soigner l'orthographe, la ponctuation et la syntaxe

Il convient de garder suffisamment de temps à la fin de la rédaction pour se relire attentivement et veiller à une ponctuation cohérente, une syntaxe et une orthographe correctes.

Utiliser le « nous » de modestie

Dans la dissertation, il est d'usage d'utiliser le « nous » de modestie au lieu du pronom « je ». Ainsi, l'annonce du plan dans l'introduction et les phrases de transition entre les parties auront recours à ce pronom : « Nous étudierons tout d'abord... Puis nous montrerons... »

Présenter une mise en page claire et aérée

Le plan détaillé au brouillon n'est qu'un fil directeur ; il ne doit pas être recopié tel quel dans le devoir. En revanche, les idées directrices qui se dégagent du plan et qui dictent l'enchaînement des parties et des sous-parties doivent apparaître clairement dans la mise en page.

Ainsi, il est d'usage de séparer les différents moments de la dissertation par des lignes de blanc. Il est conseillé à l'élève d'adopter la disposition suivante :

- deux lignes de blanc entre l'introduction et la première partie du développement, entre les différentes parties, entre la dernière partie et la conclusion ;
- une ligne de blanc entre les sous-parties ;
- des paragraphes distincts à l'intérieur de chaque sous-partie, matérialisés par le passage à la ligne et l'alinéa. L'élève peut commencer son paragraphe par un décrochement (ou alinéa) qui rendra le paragraphe plus visible.

Donner les références précises des œuvres

Une œuvre utilisée comme exemple dans la dissertation doit être présentée de façon précise :

- le titre est donné de façon complète et exacte ;
- il est accompagné du nom de l'auteur, correctement orthographié.

Le nom et le prénom de l'auteur s'écrivent avec des majuscules aux initiales, mais pas entièrement en lettres capitales.

Respecter les conventions concernant les titres

Un titre d'œuvre doit être souligné. Le soulignement est l'équivalent de l'italique dans un texte imprimé.

Un titre de partie, de chapitre ou de poème est présenté entre guillemets.

Présenter correctement les exemples et citations

Pour présenter les exemples et les citations, il faut observer les règles suivantes :

– L'exemple fournit la matière de la dissertation. Pour cette raison, il ne doit jamais être présenté entre parenthèses, à la fin d'une phrase. Il est au contraire mis en valeur et fait l'objet d'un développement précis.

– On ne doit jamais citer plusieurs exemples dans une même phrase. Chacun d'eux doit faire l'objet d'un développement distinct.

– Une citation doit être exacte. On ne doit y changer aucun mot. Si on est amené à couper la citation, on l'indique à l'aide du signe [...] à l'endroit où l'on a effectué la coupure.

– Une citation est obligatoirement accompagnée d'un commentaire personnel qui la rattache au sujet et montre quelle réponse spécifique elle apporte à celui-ci.

TROISIÈME PARTIE

Sujets traités par objet d'étude

1 Le roman et ses personnages : visions de l'homme et du monde

SUJET 18

TEXTES

A – Honoré de Balzac, *Eugénie Grandet* (1833), incipit.

B – Frank Kafka, *Le Château* (1922), traduit de l'allemand par Alexandre Vialatte, © éditions Gallimard (1938), incipit.

C – Raymond Queneau, *Loin de Rueil* (1944), © éditions Gallimard, incipit.

Texte A

Honoré de Balzac, *Eugénie Grandet* (1833), incipit

Il se trouve dans certaines villes de province des maisons dont la vue inspire une mélancolie égale à celle que provoquent les cloîtres les plus sombres, les landes les plus ternes ou les ruines les plus tristes. Peut-être y a-t-il à la fois dans ces maisons et le silence du cloître et l'aridité des landes et les ossements des ruines : la vie et le mouvement y sont si tranquilles qu'un étranger les croirait inhabitées, s'il ne rencontrait tout à coup le regard pâle et froid d'une personne immobile dont la figure à demi monastique[1] dépasse l'appui de la croisée[2], au bruit d'un pas inconnu. Ces principes de mélancolie existent dans la physionomie[3] d'un logis situé à Saumur, au bout de la rue montueuse qui mène au château, par le haut de la ville. Cette rue, maintenant peu

1. *Monastique* : qui concerne les moines.
2. *Croisée* : châssis vitré qui ferme une fenêtre.
3. *Physionomie* : apparence, aspect extérieur.

fréquentée, chaude en été, froide en hiver, obscure en quelques endroits, est remarquable par la sonorité de son petit pavé caillouteux, toujours propre et sec, par l'étroitesse de sa voie tortueuse, par la paix de ses maisons qui appartiennent à la vieille ville, et que dominent les remparts. Des habitations trois fois séculaires y sont encore solides, quoique construites en bois, et leurs divers aspects contribuent à l'originalité qui recommande cette partie de Saumur à l'attention des antiquaires et des artistes. Il est difficile de passer devant ces maisons, sans admirer les énormes madriers[1] dont les bouts sont taillés en figures bizarres et qui couronnent d'un bas-relief noir le rez-de-chaussée de la plupart d'entre elles. Ici, des pièces de bois transversales sont couvertes en ardoises et dessinent des lignes bleues sur les frêles murailles d'un logis terminé par un toit en colombage que les ans ont fait plier, dont les bardeaux[2] pourris ont été tordus par l'action alternative de la pluie et du soleil. Là se présentent des appuis de fenêtre usés, noircis, dont les délicates sculptures se voient à peine, et qui semblent trop légers pour le pot d'argile brune d'où s'élancent les œillets ou les rosiers d'une pauvre ouvrière.

Texte B

Frank Kafka, *Le Château* (1922), © éditions Gallimard (1938), incipit.

Il était tard lorsque K. arriva. Une neige épaisse couvrait le village. La colline était cachée par la brume et par la nuit, nul rayon de lumière n'indiquait le grand Château. K. resta longtemps sur le pont de bois qui menait de la grand-route au village, les yeux levés vers ces hauteurs qui semblaient vides.

Puis il alla chercher un gîte ; les gens de l'auberge n'étaient pas encore au lit ; on n'avait pas de chambre à

1. *Madriers* : planches très épaisses.
2. *Bardeaux* : petites planches servant à remplacer les tuiles et ardoises sur le toit des maisons.

louer, mais, surpris et déconcerté par ce client qui venait si tard, l'aubergiste lui proposa de le faire coucher sur une paillasse dans la salle. K. accepta. Il y avait encore là quelques paysans attablés autour de leurs chopes, mais, ne voulant parler à personne, il alla chercher lui-même la paillasse au grenier et se coucha près du poêle. Il faisait chaud, les paysans se taisaient, il les regarda encore un peu entre ses paupières fatiguées puis s'endormit.

Mais il ne tarda pas à être réveillé ; l'aubergiste se tenait debout à son chevet en compagnie d'un jeune homme à tête d'acteur qui avait des yeux minces, de gros sourcils, et des habits de citadin. Les paysans étaient toujours là, quelques-uns avaient fait tourner leurs chaises pour mieux voir. Le jeune homme s'excusa très poliment d'avoir réveillé K. et se présenta comme le fils du portier du Château, puis déclara : « Ce village appartient au Château ; y habiter ou y passer la nuit c'est en quelque sorte habiter ou passer la nuit au Château. Personne n'en a le droit sans la permission du comte. Cette permission vous ne l'avez pas ou du moins vous ne l'avez pas montrée. »

K. s'étant à moitié redressé passa la main dans ses cheveux pour se recoiffer, leva les yeux vers les deux hommes et dit :

— Dans quel village me suis-je égaré ? Y a-t-il donc ici un Château ?

— Mais oui, dit le jeune homme lentement, et quelques-uns des paysans hochèrent la tête, c'est le Château de monsieur le comte Westwest.

— Il faut avoir une autorisation pour pouvoir passer la nuit ? demanda K. comme s'il cherchait à se convaincre qu'il n'avait pas rêvé ce qu'on lui avait dit.

— Il faut avoir une autorisation, lui fut-il répondu, et le jeune homme, étendant le bras, demanda, comme pour railler K., à l'aubergiste et aux clients :

— À moins qu'on ne puisse s'en passer ?

Texte C

Raymond Queneau, *Loin de Rueil* (1944), © éditions Gallimard, incipit.

Les ordures déboulèrent de la boîte métallique et churent en trombe dans la poubelle, coquilles d'œufs, trognons, papiers graisseux, épluchures. Une odeur molle et parasitaire accompagna cette déhiscence[1], pas si désagréable que ça cette odeur, un peu voisine du parfum de la mousse humide dans les bois très profonds mais avec un arrière-goût stanneux[2] à cause du récipient à côté duquel on range le petit chariot qui sert à transférer tout ça le long du trottoir pour les boueux[3] à l'aube. Débarrassée de son contenu la boîte allait au bout d'un bras viril reprendre le chemin de son sixième étage lorsque survint une bonne. Elle trouvait que ce n'était pas travail d'homme vider les détritus mais ne souffla mot discrète ne voulant pas commenter le spectacle de cette ombre masculine honorant de sa présence en robe de chambre le couloir de l'escalier de service.

Le gentleman propose de l'aider parce que ça lui avait l'air lourd ce qu'elle portait mais elle refusa. Il lui demande aussi si ça faisait longtemps qu'elle était dans la maison, non, du jour même. Il le savait car il connaissait tout le domestique de l'immeuble, leurs mœurs et leurs coutumes, les départs et les arrivées. Ils remontèrent ensemble silencieux. Ils arrivèrent en haut, tout enveloppé qu'il fût de soie à ramages[4] il habitait au niveau des mansardes à cause tout simplement de son goût pour les ateliers de peintre sous les toits, quoique non peintre.

Il propose à cette fille de passer un moment chez lui. Comme vous y allez qu'elle rétorque. Il haussa les épaules.

1. *Déhiscence* : terme de botanique qui désigne la propriété qu'ont certains fruits de s'ouvrir d'eux-mêmes pour laisser leur contenu s'échapper.

2. *Stanneux* : terme de chimie qui désigne ce qui vient de l'étain.

3. *Les boueux* : les éboueurs.

4. *Ramages* : dessins décoratifs.

Pour qui donc le prenait-elle ? Il fit quelques pas pour aller discrètement frapper à certain huis[1] devant lequel fredonna le sire quelques mesures de La Traviata. Aussitôt apparut une jeune personne à la fesse ferme qui sans hésiter suggère une belote à trois tout en demandant c'est donc toi la nouvelle. Je m'appelle Thérèse elle dit et l'autre répondit elle se nommait Lulu Doumer.

Question sur le corpus

Les trois textes du corpus constituent les premières lignes des romans dont ils sont extraits. Dans quelle mesure jouent-ils le rôle de présentation (des personnages, du contexte, du style de l'auteur, etc.) que l'on attend d'un début de roman ?

Commentaire

Vous commenterez le texte de Raymond Queneau (texte C).

Dissertation

Dans *L'Art du roman* (1986), l'écrivain Milan Kundera définit ainsi le genre romanesque : « Le roman n'examine pas la réalité mais l'existence. Et l'existence n'est pas ce qui s'est passé, l'existence est le champ des possibilités humaines, tout ce que l'homme peut devenir, tout ce dont il est capable. » Partagez-vous cette conception du roman ? Vous répondrez dans un développement argumenté, en vous appuyant sur les textes du corpus, les œuvres étudiées en classe ainsi que vos lectures personnelles.

Invention

K., le personnage principal du roman de Kafka intitulé *Le Château* (texte B), écrit une lettre à son meilleur ami le lendemain de son arrivée au village pour lui raconter de quelle façon il y a été reçu. Rédigez cette lettre en présentant tous les faits qui sont racontés dans l'extrait du corpus du point de vue de K. Vous y ajouterez le récit de la fin de cette première nuit au village. Votre

1. *Huis* : terme ancien pour désigner une porte.

texte devra également mettre l'accent sur l'expression des sentiments et impressions du personnage face à sa situation.

ÉLÉMENT TRAITÉ

Ce sujet invite à la discussion. On privilégiera un plan dialectique.

DISSERTATION RÉDIGÉE

La question du lien entre la littérature et la réalité est très souvent posée à propos du roman, notamment depuis le réalisme, mouvement littéraire du XIXe siècle qui choisissait d'inscrire le roman dans la réalité sociale de son époque.

Or, pour l'écrivain Milan Kundera, ce n'est pas à « la réalité » que s'intéresse le roman, mais à « l'existence », c'est-à-dire à « tout ce que l'homme peut devenir, tout ce dont il est capable ». Autrement dit, il ne s'agit pas pour le romancier de s'inspirer du réel, mais d'imaginer toutes les potentialités qu'il contient.

Cette affirmation nous conduit à nous interroger sur ce qui peut nourrir l'écriture d'un auteur de romans. Celui-ci retire-t-il essentiellement la matière de son livre du monde qui l'entoure ? Quel est le rôle dévolu à son imagination ? En quoi le monde qu'il dépeint explore-t-il « le champ des possibilités humaines », pour reprendre une expression de Kundera ? À quelle vision du monde correspond cette exploration ?

Pour répondre à ces questions, nous pourrons analyser, dans un premier temps, la capacité du roman à inventer, à dévoiler des « possibilités humaines » que le monde réel ne contient pas ou pas encore. Cependant, parce que nombre de romans s'inspirent étroitement de la réalité, nous montrerons dans un deuxième temps que le genre romanesque peut aussi apparaître comme le lieu d'un examen approfondi de cette réalité. Enfin, nous chercherons à mettre en évidence le fait que le roman peut également être envisagé comme un objet esthétique, un espace privilégié pour réinventer une langue et remettre en question les codes traditionnels du genre.

Si l'on examine tout d'abord la capacité du roman à mettre au jour « tout ce que l'homme peut devenir, tout ce dont il est capable », on songera évidemment au roman de science-fiction ou d'anticipation. En effet, l'objectif de cette catégorie de romans est précisément de partir de la réalité contemporaine de l'auteur, d'en isoler certains aspects, pour montrer ce qui pourrait en advenir dans un monde futur.

C'est par exemple la démarche de George Orwell, lorsqu'il écrit, en 1948, le roman d'anticipation *1984* (il choisit le titre de son roman en inversant les deux derniers chiffres de l'année où il l'écrit). Ayant observé deux régimes dictatoriaux, celui d'Hitler en Allemagne et celui de Staline en URSS, l'auteur imagine les formes que pourrait prendre la dictature dans l'avenir, avec les progrès de la technologie : il invente ainsi un appareil de propagande et de surveillance, le « télécran », qui est l'instrument privilégié par le pouvoir, à la fois pour s'adresser à la population et pour exercer un contrôle permanent sur ses actes et sur ses paroles. À travers l'histoire de ses deux héros, Winston et Julia, il dépeint un monde dans lequel les êtres humains n'ont plus de vie privée, plus aucune intimité, et dont l'existence tout entière doit être mise au service du Parti.

Cette vision du monde extrêmement pessimiste s'explique par le traumatisme de la Seconde Guerre mondiale et des contre-modèles politiques que l'auteur a pu observer dans l'Europe contemporaine. Elle présente bel et bien « tout ce dont [l'homme] est capable », au sens où l'homme a montré qu'il était capable du pire.

Dans le même ordre d'idées, on peut mentionner le roman d'Aldous Huxley intitulé ironiquement *Le Meilleur des mondes*

(1932). Ici, c'est la recherche biologique et médicale dans le domaine de la procréation humaine qui constitue le thème central de l'œuvre, et dont l'auteur imagine les progrès monstrueux dans le monde du futur. Ce monde, tel qu'Huxley l'imagine, se caractérise par la destruction même de la notion de famille et la disparition des liens filiaux, puisque toute la procréation humaine se fait désormais de manière artificielle, en laboratoire, et que les enfants sont ensuite élevés collectivement dans des centres. En outre, le développement des embryons en laboratoire se fait de diverses manières en fonction des catégories d'individus qu'on veut obtenir : on fabrique des élites, destinées à occuper les postes à responsabilité dans la société, mais aussi des êtres inférieurs, pour toutes les fonctions subalternes, ainsi que toutes les catégories intermédiaires entre ces deux extrêmes. On a donc affaire à un monde extrêmement hiérarchisé, dans lequel l'existence des individus est planifiée avant même leur naissance, et d'où le hasard est totalement banni. Seules des enclaves de vie « archaïque » subsistent dans le monde, notamment des réserves sauvages comme celle où le héros se retrouve un jour à l'occasion d'un voyage et découvre certains aspects d'une réalité inconnue de lui : la notion de mère et d'enfant, les sentiments, le vieillissement des corps, etc.

Ce roman présente très clairement une réflexion sur le devenir de l'homme et il paraît même posséder, pour les lecteurs d'aujourd'hui, un caractère prémonitoire : quelques-unes des avancées scientifiques dont il est question dans le roman (autour de la question de la procréation), totalement inimaginables en 1932, sont devenues aujourd'hui, sinon une réalité, du moins une possibilité à plus ou moins long terme. En ce sens, Huxley paraît bel et bien avoir anticipé ce que l'homme pouvait devenir, une des potentialités de l'existence humaine.

L'exemple de Kafka, dont un extrait du roman *Le Château* (1922) figure dans le corpus, nous semble lui aussi caractéristique de cette capacité du roman à explorer, non pas ce qui existe réellement, mais ce qui pourrait exister. Cet écrivain a en effet su inventer un univers d'une si grande originalité qu'il a donné lieu à un adjectif passé dans le langage courant : on qualifiera de « kafkaïen » un monde caractérisé par une logique absurde, dans lequel l'individu se trouve enfermé et dépossédé de tout moyen d'action, dans la mesure où il n'en maîtrise pas les codes et où il n'est même pas certain que lesdits codes existent. Les premières lignes du *Château* sont, à cet égard, significatives : tout d'abord, elles montrent le héros, K., trouvant refuge dans un lieu étrange et hostile, qu'il est apparemment incapable de situer (« Dans quel village me suis-je égaré ? Y a-t-il donc ici un Château ? ») ; ensuite, le passage nous présente des personnages inquiétants, depuis les paysans qui font preuve d'une curiosité malsaine (« quelques-uns avaient fait tourner leurs chaises pour mieux voir »), jusqu'au fils du portier du Château qui vient réveiller K. à peine endormi pour un problème de règlement administratif (« Cette permission vous ne l'avez pas ou du moins vous ne l'avez pas montrée. »).

Le personnage se trouve dans une situation tout aussi absurde et obscure que le héros du *Procès* (autre roman de Kafka) qui est arrêté un matin, chez lui, sans motif et qui, jusqu'à son exécution, cherchera à comprendre, en vain, ce dont on l'accuse. Dans les deux cas, le roman dénonce les méandres d'un appareil administratif et même d'une structure sociale qui broie les individus et fonctionne en quelque sorte comme un organisme autonome, dont les membres eux-mêmes (employés, portiers, domestiques, juges, greffiers, etc.) ne comprennent pas les rouages, la logique globale. En effet, la responsabilité de chacun se trouve limitée à un domaine bien spécifique et l'essentiel des informations est véhiculé par des rumeurs plutôt que par des règles clairement énoncées, écrites et accessibles à tous.

À la différence des romans de George Orwell et d'Aldous Huxley cités ci-dessus, l'histoire racontée dans les romans de Kafka n'est pas située dans une époque future, mais dans un temps indéterminé. On ne peut donc pas parler ici d'une quelconque prémonition, mais plutôt de l'extraordinaire capacité de l'auteur à amplifier et à dramatiser certains aspects de la société, c'est-à-dire à extrapoler, à partir de la réalité qui l'entoure, pour créer un univers fantastique, qui serait comme la version cauchemardesque du monde réel. En tout cas, on a bien affaire, avec cet auteur, à l'invention de lieux, de personnages et de situations qui n'existent pas dans la réalité mais qui nous intéressent parce qu'ils expriment quelques-unes des angoisses que nous pouvons éprouver face au monde qui nous entoure. La création de cet univers original est bien la preuve que le travail du romancier va largement au-delà de la simple restitution du réel.

Cependant, il reste vrai que, dans beaucoup de romans, à commencer par tous ceux qui s'inscrivent dans les courants réaliste et naturaliste du XIXe siècle, il s'agit avant tout d'explorer la réalité, de donner à connaître au lecteur le monde qui l'entoure, et même de le lui expliquer.

Cette ambition passe tout d'abord par la recherche du vraisemblable, à l'œuvre notamment dans l'extrait d'*Eugénie Grandet* de Balzac qui figure dans le corpus. Comme le montrent les premières lignes du roman, l'auteur situe son action dans une ville réelle et identifiable, « Saumur », et il utilise, pour décrire ses maisons, des verbes au présent qui donnent à penser que le lecteur peut toujours voir les lieux tels qu'ils sont décrits ici : « Cette rue, maintenant peu fréquentée, chaude en été, froide en hiver, obscure en quelques endroits, est remarquable par la sonorité de son petit pavé caillouteux... ».

En outre, plusieurs expressions visent à créer une complicité avec le lecteur, car elles renvoient aux sentiments que lui-même devrait éprouver s'il se trouvait sur les lieux décrits : « des maisons dont la vue inspire une mélancolie égale à celle que provoquent les cloîtres les plus sombres » ; « Il est difficile de passer devant ces maisons, sans en admirer les énormes madriers... ».

En outre, une fois que le cadre de l'histoire est posé comme vrai, il s'agit pour l'auteur, à travers des histoires fictives, de rendre compte de la société réelle dans laquelle il vit. Balzac affirme en effet dans l'*Avant-Propos* de 1842 à *La Comédie humaine*[1] que son ambition est de « faire l'inventaire de la société française », et tout particulièrement de « l'histoire oubliée par les historiens, celle des mœurs. » Dans cet *Avant-Propos*, Balzac exprime également l'idée que la description qu'il fera de la société doit permettre au lecteur de mieux la comprendre : « Ainsi dépeinte, la Société devait porter avec elle la raison de son mouvement. » L'objectif du roman est donc bien ici d'« examine[r] la réalité » et même d'en mener un examen particulièrement minutieux, comme le montre l'extrait du corpus commenté ci-dessus.

Ce sont également les romans de Zola qui se présentent explicitement comme une analyse du monde réel. Ainsi, avec *L'Assommoir* (1877), Zola cherche à rendre compte des ravages de l'alcool dans le milieu des ouvriers. Il dépeint de façon très réaliste et très crue les stades successifs d'alcoolisme de ses personnages, et en particulier la descente aux enfers de Gervaise et de Coupeau, une blanchisseuse et un ouvrier zingueur qui se caractérisent d'abord par leur courage, leur force de travail et de caractère, et dont les conditions de vie misérables vont progressivement entamer la détermination. Dans ce roman, pour être le plus fidèle possible à la réalité, Zola va jusqu'à étudier le langage des ouvriers et à lui accorder, d'une façon tout à fait nouvelle et spectaculaire, une place prépondérante dans l'écriture des dialogues du roman. C'est ainsi que les ouvriers, dans l'histoire, parlent véritablement le langage du peuple. Zola affirme d'ailleurs dans sa *Préface* à

1. *La Comédie humaine* est le titre donné par Balzac à l'ensemble des romans qu'il a écrits entre 1829 et 1847 et dont *Eugénie Grandet* (1833) fait partie.

L'Assommoir : « C'est une œuvre de vérité, le premier roman sur le peuple, qui ne mente pas et qui ait l'odeur du peuple. » Cette volonté de rendre compte de la réalité de la façon la plus fidèle possible est indissociable de la portée que l'auteur cherche à donner à son œuvre : il s'agit en effet pour lui de dénoncer la misère sociale, parce qu'elle engendre, comme le montre cette histoire, des maux aussi terribles que l'alcoolisme.

Comme on le voit à travers cet exemple, le roman naturaliste « examine » effectivement « la réalité » (pour reprendre les termes utilisés par Kundera), et c'est même pour lui une nécessité puisque son but ultime est d'arriver à changer cette réalité, à ouvrir les consciences aux problèmes de son époque.

Les romans de Balzac et de Zola mettent donc en évidence le lien étroit entre la littérature et le réel, puisque l'une s'inspire de l'autre et que, en retour, l'œuvre romanesque doit permettre au lecteur, soit de mieux comprendre le monde dans lequel il vit, soit d'agir sur cette réalité pour la rendre meilleure. Mais tous les romans n'ont pas, loin s'en faut, l'ambition de donner une représentation précise et fidèle du monde réel. Le projet de l'auteur peut se situer sur un autre plan, par exemple dans une démarche qui serait avant tout esthétique.

Les chemins singuliers pris par les romanciers du XXe siècle vont ouvrir la voie à d'autres conceptions du genre romanesque. Ainsi, dans la première moitié du siècle, des écrivains comme Proust, Céline ou Gide, vont se démarquer de l'héritage du roman réaliste ou naturaliste pour inventer des formes nouvelles.

Le cas de *Voyage au bout de la nuit* (1932) de Louis-Ferdinand Céline est, à cet égard, significatif, puisque son auteur l'inscrit explicitement contre ceux qui l'ont précédé et revendique à travers lui le renouvellement radical de la forme et de la langue romanesques. En effet, Céline estime que désormais, c'est au cinéma ou aux journaux de prendre en charge l'aspect documentaire autrefois dévolu au roman et que ce dernier doit profondément changer. Il doit par exemple accorder une place prépondérante à l'expression des émotions, celle-ci étant facilitée par le choix de récits écrits à la première personne et par la variété des registres utilisés. Ainsi, dans *Voyage au bout de la nuit*, l'évocation très crue et sordide de la Grande Guerre à laquelle participe le héros, Bardamu, est globalement marquée par un registre tragique, mais elle contient également des pages chargées d'humour noir.

De plus, parce que la langue traditionnelle du roman, en général soutenue et recherchée, apparaît à ses yeux comme un filtre pour l'expression des émotions, Céline considère que le roman doit s'ouvrir à un nouveau langage, l'oral-populaire, mieux à même de restituer les émotions dans toute leur authenticité. Du coup, il renonce au passé simple, aux tournures de phrases correctes, au vocabulaire choisi, pour raconter comme on parle, et qui plus est comme on parle dans le peuple. Les premières phrases de *Voyage au bout de la nuit* suffisent à montrer ce travail sur la langue : « Ça a débuté comme ça. Moi, j'avais jamais rien dit. Rien. C'est Arthur Ganate qui m'a fait parler. »

Cette intrusion du parlé dans le langage écrit, associé à l'usage d'un narrateur à la première personne, révolutionne l'art du roman d'une autre façon encore : elle rend omniprésents les commentaires du narrateur. Ainsi, tout en racontant l'histoire, le narrateur ne cesse d'émettre un jugement sur les faits racontés, l'expression de ses opinions se fondant naturellement dans un récit qui adopte le phrasé de l'oral, comme dans les exemples suivants, qui concernent l'épisode de la guerre : « Une fois qu'on y est, on y est bien. » ; « Ça se remarque bien comment que ça brûle un village, même à vingt kilomètres. »

À travers cet exemple, on se rend bien compte que ce qui semble primer, dans cette nouvelle pratique du genre romanesque, c'est le travail sur la langue, sur les registres et plus généralement sur les modalités narratives. La question n'est donc plus (ou plus seulement) d'imiter le réel ni d'explorer « le champ des possibilités humaines », comme l'affirme Kundera, mais avant tout d'élargir et de renouveler les potentialités de la littérature elle-même.

C'est aussi, d'une manière différente et chaque fois très personnelle, le type de recherche que mèneront d'autres romanciers, dans la seconde moitié du XXe siècle. On peut citer par exemple l'existence d'un courant que l'on a appelé le Nouveau Roman et qui s'est développé dans les années 1950 et 1960 autour d'œuvres telles que *Les Gommes* d'Alain Robbe-Grillet (1953) ou *L'Emploi du temps* de Michel Butor (1956). Ces romans remettent en question certains aspects des récits traditionnels tels que le traitement du temps (dans *L'Emploi du temps*, le récit chronologique de la vie du narrateur est sans cesse perturbé par des références au présent) ou la notion même de personnage (dans *Les Gommes*, il est réduit à une caricature). Ici, c'est moins l'histoire en tant que telle qui s'avère originale que son traitement qui est une sorte de mise en pratique des recherches effectuées par les auteurs sur le genre romanesque lui-même.

De la même manière, un écrivain comme Raymond Queneau, représenté dans le corpus de textes à travers un extrait de *Loin de Rueil* (1944), conçoit le roman comme un espace d'expérimentation. Comme on le voit dans l'incipit[1] proposé à notre étude, l'auteur joue avec le langage : il mêle des niveaux de langue différents, du lexique technique (« déhiscence », « stanneux ») au vocabulaire châtié (« churent ») en passant par des notations triviales (« une jeune personne à la fesse ferme »). Il introduit également, à la manière de Céline, des tournures orales dans la langue écrite (« pas si désagréable que ça cette odeur ») et insère sans ponctuation des phrases de dialogue dans le corps du récit (« Je m'appelle Thérèse elle dit et l'autre répondit elle se nommait Lulu Doumer »).

---

1. *Incipit* : début d'un roman.

Plus généralement, on peut faire référence aux recherches menées, autour de Raymond Queneau, par les écrivains membres de l'Oulipo, groupe dont les travaux cherchent à expérimenter des formes littéraires nouvelles. Parmi ses membres, on citera Georges Perec, auteur de plusieurs romans à contraintes, comme *La Disparition* (1969), qui s'impose de bout en bout de renoncer à utiliser la lettre *e*. Dans un autre roman, *La Vie mode d'emploi* (1978), la contrainte est d'ordre structurel : c'est la figure de la mise en abyme (on raconte l'histoire d'un personnage qui lui-même raconte une histoire et ainsi de suite) qui sous-tend l'ensemble du récit. Même si ces romans racontent bel et bien des histoires, il n'en reste pas moins que leur projet est essentiellement d'ordre formel.

Finalement, on se rend compte que si le roman possède, comme l'affirme Milan Kundera, la capacité de dévoiler des « possibilités humaines », c'est-à-dire d'explorer des directions que l'humanité n'a pas (ou pas encore) choisies, il peut également se fonder sur la réalité, qu'il cherchera alors à décrypter et à rendre accessible à ses lecteurs. Mais cette question du rapport au réel ne suffit pas définir le genre romanesque : celui-ci peut également chercher à inventer une nouvelle réalité. Le roman devient alors l'espace où s'expriment à la fois une vision du monde et une conception originale de la littérature.

2 La poésie

Les sujets proposés dans cette troisième partie sont des sujets complets de type bac comportant une ou deux questions sur le corpus et trois travaux d'écriture (commentaire, dissertation et écriture d'invention). Seul le sujet de dissertation est traité.

SUJET 19

TEXTES

A – Ronsard, *Les Amours de Cassandre* (1552), LXVI.

B – Victor Hugo, « Demain dès l'aube », *Les Contemplations* (1856).

C – Arthur Rimbaud, « Le Dormeur du val », *Poésies* (1886).

Texte A

Ronsard, poème extrait du recueil *Les Amours de Cassandre* (1552), LXVI.

[Ce recueil rend hommage à Cassandre, une jeune femme aimée par le poète].

Ciel, air et vents, plains[1] et monts découverts,
Tertres vineux[2], et forêts verdoyantes,
Rivages tors[3], et sources ondoyantes,
Taillis rasés, et vous, bocages verts ;

Antres[4] moussus à demi-front ouverts,
Prés, boutons, fleurs et herbes rousoyantes[5],

1. *Plains* : plaines.
2. *Tertres vineux* : buttes riches en vins.
3. *Tors* : courbés, sinueux.
4. *Antres* : cavernes, grottes.
5. *Rousoyantes* : couvertes de rosée.

Vallons bossus et plages blondoyantes[1],
Gastine, Loir[2], et vous, mes tristes vers,

Puis qu'au partir[3], rongé de soin et d'ire[4],
À ce bel œil l'Adieu je n'ai su que dire,
Qui près et loin me détient en émoi,

Je vous supply, ciel, air, vents, monts et plaines,
Taillis, forêts, rivages et fontaines,
Antres, prés, fleurs, dites-le-lui pour moi.

Texte B

Victor Hugo, poème extrait du recueil *Les Contemplations* (1856).

[L'auteur évoque le souvenir de sa fille Léopoldine, morte noyée quatre ans plus tôt.]

Demain, dès l'aube, à l'heure où blanchit la campagne,
Je partirai. Vois-tu, je sais que tu m'attends.
J'irai par la forêt, j'irai par la montagne.
Je ne puis demeurer loin de toi plus longtemps.

Je marcherai les yeux fixés sur mes pensées,
Sans rien voir au-dehors, sans entendre aucun bruit,
Seul, inconnu, le dos courbé, les mains croisées,
Triste, et le jour pour moi sera comme la nuit.

Je ne regarderai ni l'or du soir qui tombe,
Ni les voiles au loin descendant vers Harfleur,
Et quand j'arriverai, je mettrai sur ta tombe
Un bouquet de houx vert et de bruyère en fleur.

3 septembre 1847

---

1. *Plages blondoyantes* : plaines, étendues, dont la couleur tire sur le blond.
2. *Gastine* : forêt de Gastine, dans le Vendômois (Loir-et-Cher). *Loir* : rivière du Vendômois.
3. *Au partir* : en partant.
4. *De soin et d'ire* : d'inquiétude et de colère.

Texte C

Arthur Rimbaud, poème extrait du recueil *Poésies* (1886).

[Ce poème évoque la guerre de 1870 entre la France et la Prusse.]

Le Dormeur du val

C'est un trou de verdure où chante une rivière
Accrochant follement aux herbes des haillons
D'argent ; où le soleil, de la montagne fière,
Luit : c'est un petit val qui mousse de rayons.

Un soldat jeune, bouche ouverte, tête nue,
Et la nuque baignant dans le frais cresson bleu,
Dort ; il est étendu dans l'herbe, sous la nue,
Pâle dans son lit vert où la lumière pleut.

Les pieds dans les glaïeuls, il dort. Souriant comme
Sourirait un enfant malade, il fait un somme :
Nature, berce-le chaudement : il a froid.

Les parfums ne font pas frissonner sa narine ;
Il dort dans le soleil, la main sur sa poitrine
Tranquille. Il a deux trous rouges au côté droit.

Octobre 1870

Questions sur le corpus

1. Quelle est la forme poétique choisie dans chacun des textes ? Justifiez votre réponse.

2. Quel est le registre dominant dans chacun des poèmes du corpus ? Justifiez votre réponse.

Commentaire

Vous commenterez le texte de Victor Hugo (texte B).

Dissertation

La poésie est-elle, selon vous, essentiellement lyrique ? Vous répondrez dans un développement argumenté, en vous appuyant sur les textes du corpus, les œuvres étudiées en classe ainsi que vos lectures personnelles.

Écriture d'invention

Imaginez la situation suivante : un journaliste contemporain de Rimbaud, choqué par le poème « Le Dormeur du val », a écrit un article condamnant ce texte dont il juge la fin trop réaliste. Lecteur du journal, vous écrivez une lettre à ce journaliste pour vous opposer à son jugement et défendre une conception de la poésie qui puisse être directe et même choquante, dès lors qu'elle a pour ambition de dénoncer des faits inadmissibles ou injustes. Vos arguments pourront s'appuyer sur des exemples de poèmes que vous avez étudiés ou lus à titre personnel.

ÉLÉMENTS TRAITÉS

ANALYSE DU SUJET

Lire attentivement le sujet

Le sujet qui porte sur l'objet d'étude, la poésie, se présente sous la forme d'une question, suivie d'une consigne qui indique d'une part où il faudra chercher les arguments et les exemples nécessaires pour traiter le sujet et d'autre part montre que la réponse à la question devra être construite selon une réflexion « argumentée ».

Dans la question, l'emploi de l'adverbe « essentiellement » invite à penser que la poésie peut adopter d'autres registres que le lyrisme. On comprend donc que le sujet invite à la discussion.

Définir et analyser les notions importantes

On peut repérer deux termes qui apparaissent comme des notions pouvant orienter la réflexion demandée. Il convient de partir de leur définition pour dégager des pistes d'analyse.

– La poésie vient du mot grec *poïen* qui signifie « créer » et désigne un genre littéraire qui fait un usage spécifique du langage, en travaillant sur les rythmes, les sonorités, les images...

– L'adjectif « lyrique » rappelle la lyre qui accompagnait le chant des poètes dans l'Antiquité et correspond à un registre. On dit de la poésie qu'elle est lyrique si elle exprime les sentiments intimes du poète et cherche à faire partager ses émotions au lecteur.

Ces notions soulèvent ainsi plusieurs questions, qui fournissent des pistes de réflexion :
– parmi les textes du corpus, quel est celui ou quels sont ceux qui relève(nt) du registre lyrique ? en quoi ? quels types de sentiments exprime(nt)-il(s) ? quels procédés caractéristiques de ce registre peut-on identifier ?
– si un poème n'est pas lyrique, comment se caractérise-t-il ? quels thèmes développe-t-il ? quelle réaction le poète cherche-t-il à susciter chez le lecteur ?
– le registre lyrique peut-il coexister avec un autre registre ? la poésie engagée rompt-elle nécessairement avec le lyrisme ?

Reformuler le sujet

La question invite à se demander si le registre lyrique est au cœur de la notion même de poésie, ou bien si la poésie peut échapper au lyrisme pour adopter d'autres registres.

Délimiter le sujet

Le sujet aborde l'objet d'étude consacré à la poésie à travers la double question des thèmes développés et de la relation que le poète instaure avec son lecteur.

Rassembler et classer ses idées

On peut rassembler et classer ses idées selon deux directions principales :
– Sous quelle forme se manifeste le lyrisme en poésie ? Il convient de s'interroger sur les buts de la poésie et sur les moyens et les procédés lyriques utilisés : quelle est l'intention du poète qui se veut lyrique ? Comment parvient-il à faire passer ses émotions ? Est-ce que la poésie est toujours lyrique ?
– La poésie admet-elle d'autres registres ?

Il convient de s'interroger sur les autres registres de la poésie :

quels sont-ils ? Excluent-ils pour autant le lyrisme ? Qu'est-ce qui fait l'essence même de la poésie ? quels types de sentiments la poésie peut-elle exprimer ?

Trouver la problématique

La problématique sera centrée autour de la notion de lyrisme et permettra de réfléchir sur l'essence même de la poésie. On pourrait la formuler ainsi : Le lyrisme est-il le moteur même de l'écriture poétique, ou la poésie se définit-elle par d'autres registres ?

Choisir un type de plan

Le sujet invite à la discussion, c'est donc un plan dialectique qui sera privilégié.

INTRODUCTION

La légende d'Orphée, prince des poètes, raconte qu'accompagné des sons de sa lyre, celui-ci enchante la nature et les hommes en évoquant la tristesse liée à la perte de la femme aimée, Eurydice, retenue dans les Enfers. C'est ainsi que la poésie est souvent perçue comme un genre littéraire propice à l'effusion des sentiments de l'auteur.

Mais la poésie est-elle essentiellement lyrique ? Cette interrogation pousse à comprendre sous quelle forme se manifestent les émotions du poète ainsi que ce qui constitue l'essence même de la poésie : en d'autres termes, le lyrisme est-il le moteur de l'écriture poétique ou la poésie se définit-elle par d'autres registres ?

Nous examinerons d'abord dans quelle mesure le lyrisme constitue une dimension essentielle de la poésie et sous quelle forme se manifestent les émotions du poète. Puis, nous déterminerons si la poésie ne peut pas proposer d'autres fonctions que celle d'exprimer le moi intime du poète. Ce qui nous amènera à proposer une définition de la poésie qui devrait nous permettre d'évaluer la place d'autres registres dans l'expression poétique.

CONCLUSION

Le lyrisme est donc au cœur de la création poétique, il véhicule les émotions du poète et lui permet de les partager avec son lecteur.

Pourtant, le poète aime à transmettre d'autres messages. La poésie engagée en reste la meilleure illustration : le poète devient alors le guide de l'homme et la poésie, la tribune pour défendre les causes justes. Cet engagement n'empêche pas pour autant l'expression du lyrisme, tant il est vrai qu'il est d'abord un partage, une forme d'errance au sein de laquelle le lecteur puise ce qu'il veut ressentir.

3 Le théâtre • L'argumentation

SUJET 20

TEXTES

A – Molière, *Dom Juan* (1665), acte I, extrait de la scène 2.

B – Marivaux, *L'Île des esclaves* (1725), extrait de la scène 1.

C – Beaumarchais, *Le Mariage de Figaro* (1784), acte V, extrait de la scène III.

Texte A

Molière, *Dom Juan* (1665), acte I, extrait de la scène 2.

[Dom Juan mène une vie immorale aux yeux de son valet Sganarelle. Ce dernier entreprend donc de dire à son maître tout le mal qu'il pense de sa conduite.]

SGANARELLE. – Ma foi ! Monsieur, j'ai toujours ouï dire que c'est une méchante raillerie que de se railler du Ciel, et que les libertins[1] ne font jamais une bonne fin.

DOM JUAN. – Holà ! maître sot, vous savez que je vous ai dit que je n'aime pas les faiseurs de remontrances.

SGANARELLE. – Je ne parle pas aussi à vous, Dieu m'en garde. Vous savez ce que vous faites, vous ; et si vous ne croyez rien, vous avez vos raisons ; mais il y a de certains petits impertinents dans le monde, qui sont libertins sans savoir pourquoi, qui font les esprits forts, parce qu'ils croient que cela leur sied[2] bien ; et si j'avais un maître

1. *Libertins* : qui ne suivent pas les lois de la religion.
2. *Leur sied* : leur convient.

comme cela, je lui dirais fort nettement, le regardant en face : « Osez-vous bien ainsi vous jouer au Ciel, et ne tremblez- vous point de vous moquer comme vous faites des choses les plus saintes ? C'est bien à vous, petit ver de terre, petit mirmidon que vous êtes (je parle au maître que j'ai dit), c'est bien à vous à vouloir vous mêler de tourner en raillerie ce que tous les hommes révèrent ? Pensez-vous que pour être de qualité, pour avoir une perruque blonde et bien frisée, des plumes à votre chapeau, un habit bien doré, et des rubans couleur de feu (ce n'est pas à vous que je parle, c'est à l'autre), pensez-vous, dis-je, que vous en soyez plus habile homme, que tout vous soit permis, et qu'on n'ose vous dire vos vérités ? Apprenez de moi, qui suis votre valet, que le Ciel punit tôt ou tard les impies, qu'une méchante vie amène une méchante mort, et que… »

DOM JUAN. – Paix !

Texte B

Marivaux, *L'Île des esclaves* (1725), extrait de la scène 1.

[Iphicrate et son valet Arlequin, partis d'Athènes, sont victimes d'un naufrage. Ils se retrouvent sur l'Île des esclaves où les maîtres deviennent les serviteurs de leurs anciens domestiques.]

IPHICRATE. – Esclave insolent !

ARLEQUIN, *riant.* – Ah ! ah ! vous parlez la langue d'Athènes, mauvais jargon que je n'entends plus.

IPHICRATE. – Méconnais-tu ton maître, et n'es-tu plus mon esclave ?

ARLEQUIN, *se reculant d'un air sérieux.* – Je l'ai été, je le confesse à ta honte ; mais va, je te le pardonne : les hommes ne valent rien. Dans le pays d'Athènes j'étais ton esclave, tu me traitais comme un pauvre animal, et tu disais que cela était juste, parce que tu étais le plus fort : eh bien, Iphicrate, tu vas trouver ici plus fort que toi : on va te faire esclave à ton tour ; on te dira aussi que cela est juste, et nous verrons ce que tu penseras de cette justice-là, tu m'en diras ton sentiment, je t'attends là. Quand tu auras souffert, tu seras raisonnable, tu sauras mieux ce qu'il est permis de faire souffrir aux autres. Tout en irait mieux dans le monde, si ceux qui te ressemblent recevaient la même leçon que toi. Adieu, mon ami, je vais trouver mes camarades et tes maîtres. *(Il s'éloigne.)*

IPHICRATE, *au désespoir, courant après lui l'épée à la main.* – Juste ciel ! peut-on être plus malheureux et plus outragé que je le suis ? Misérable, tu ne mérites pas de vivre.

ARLEQUIN. – Doucement ; tes forces sont bien diminuées, car je ne t'obéis plus, prends-y garde.

Texte C

Beaumarchais, *Le Mariage de Figaro* (1784), acte V, extrait de la scène III.

[Figaro, valet du Comte Almaviva, est fiancé à Suzanne. Mais il pense qu'elle a accepté un rendez-vous galant avec le Comte. Persuadé d'être victime d'une trahison, il exprime son désespoir.]

FIGARO, *seul, se promenant dans l'obscurité, dit du ton le plus sombre.* – Ô femme ! femme ! femme ! créature faible et décevante !… nul animal créé ne peut manquer à son instinct ; le tien est-il donc de tromper ?… Après m'avoir obstinément refusé quand je l'en pressais devant sa maîtresse ; à l'instant qu'elle me donne sa parole, au milieu même de la cérémonie… Il riait en lisant, le perfide ! et moi, comme un benêt… ! Non, Monsieur le Comte, vous ne l'aurez pas… vous ne l'aurez pas… Parce que vous êtes un grand seigneur, vous vous croyez un grand génie !… Noblesse, fortune, un rang, des places, tout cela rend si fier ! Qu'avez-vous fait pour tant de biens ? Vous vous êtes donné la peine de naître, et rien de plus ; du reste, homme assez ordinaire ; tandis que moi, morbleu ! perdu dans la foule obscure, il m'a fallu déployer plus de science et de calculs pour subsister seulement, qu'on n'en a mis depuis cent ans à gouverner toutes les Espagnes : et vous voulez jouter[1]...

Question sur le corpus

Quels sont les principaux points de rapprochement entre les textes du corpus ? Justifiez votre réponse en vous appuyant sur des passages précis des textes.

Commentaire

Vous commenterez le texte de Molière (Texte A).

Dissertation

Dans la préface du *Mariage de Figaro,* Beaumarchais affirme avoir construit sa pièce « de façon à y faire entrer la critique d'une foule d'abus qui désolent la société ». Le théâtre est-il, selon vous, un lieu propice à une telle critique ? Vous répondrez dans un développement argumenté, en vous appuyant sur les textes du corpus, sur les textes étudiés en classe, ainsi que sur vos lectures personnelles et votre expérience de spectateur.

Écriture d'invention

À la suite de la dernière réplique d'Arlequin (Texte B), imaginez une longue tirade que ce personnage pourrait prononcer pour évoquer une société idéale à venir, dans laquelle tous les hommes seraient égaux. Le personnage s'exprimera avec enthousiasme, et cherchera à persuader Iphicrate que son combat pour l'égalité est juste. Vous pourrez utiliser des didascalies pour évoquer des variations dans l'intonation, des gestes, des déplacements d'Arlequin ou encore pour mentionner les réactions d'Iphicrate (mouvements, expressions du visage, etc.) aux propos de son valet.

---

1. *Jouter* : lutter, rivaliser.

DISSERTATION RÉDIGÉE

Le théâtre est souvent considéré comme une tribune efficace pour exprimer les idées de l'auteur. D'ailleurs, dans la préface du *Mariage de Figaro,* Beaumarchais affirme avoir construit sa pièce « de façon à y faire entrer la critique d'une foule d'abus qui désolent la société ».

Le dramaturge affirme ainsi la dimension polémique et critique de ses pièces. Or, on peut se demander si cette ambition dénonciatrice peut être généralisée pour caractériser l'ensemble des pièces de théâtre, ou bien si, au contraire, elle se limite à certains genres ou à certaines époques. On peut penser en effet que beaucoup de pièces échappent à cette visée critique, notamment parce qu'elles privilégient l'émotion.

Nous montrerons que le théâtre, lorsqu'il vise essentiellement à émouvoir le spectateur, peut être étranger à cette ambition dénonciatrice évoquée par Beaumarchais. Cependant, nous le verrons ensuite, le message critique reste une donnée fondamentale du genre dramatique, les idées et les valeurs de l'auteur trouvant à s'exprimer à un niveau explicite ou implicite.

Le théâtre peut d'abord apparaître comme un spectacle propice à l'émotion. C'est vrai en particulier de certains genres, qui n'accordent aucune place à la critique, comme le montre notamment leur absence d'ancrage dans la réalité contemporaine de l'auteur. Ainsi, la tragédie, dont le cadre spatio-temporel est totalement distinct de celui de la réalité, ne prétend délivrer aucun message sur la société contemporaine. Dans les pièces de Racine et de Corneille, en effet, le lieu et l'époque de l'action ne correspondent pas à la société dans laquelle vivent les auteurs. Par exemple, l'action de *Bérénice* de Racine se situe à Rome sous le règne de Titus, au Ier siècle après J.-C., tandis que celle d'*Iphigénie,* du même auteur, se déroule en Aulide, au moment de la guerre de

Troie. Pour cette raison, il ne peut pas y avoir, dans les tragédies classiques, d'allusions directes à des problèmes contemporains, à l'inverse de ce que l'on observe dans certaines comédies de Molière.

Dès lors que les auteurs ne cherchent pas à faire réfléchir les spectateurs, on peut se demander quels types de réactions sont recherchés. En ce qui concerne la tragédie, on sait qu'elle cherche à susciter la compassion du spectateur à l'égard des personnages.

Ainsi, dans la pièce de Racine intitulée *Bérénice,* l'héroïne éponyme émeut le public parce qu'elle éprouve pour l'empereur Titus un amour qui ne peut s'accomplir à Rome : une loi défend à l'empereur d'épouser une reine étrangère.

De même, dans un registre très différent, la farce n'a pas pour ambition de faire réfléchir les spectateurs. Elle cherche à les divertir en les faisant rire. Par exemple, dans *La Jalousie du Barbouillé,* farce de Molière, le rire repose sur le thème du cocuage. Il passe notamment par les répliques, comme celle dans laquelle le Barbouillé accuse crûment sa femme de le tromper : « Ma foi, sans aller chez le notaire, voilà le certificat de mon cocuage » (scène 4), affirme-t-il en trouvant sa femme en compagnie d'un autre homme à son retour au logis. De la même manière, les procédés farcesques à l'œuvre dans certaines comédies de Molière visent à faire rire le public. On peut prendre pour exemple la scène du sac dans *Les Fourberies de Scapin* (acte III, scène 2), dans laquelle le texte (Scapin joue plusieurs personnages à la fois et varie les accents, intonations, niveaux de langue…) autant que le jeu de l'acteur (il donne des coups de bâton sur le sac dans lequel se trouve enfermé le seigneur Géronte, imite des bruits de pas, etc.) provoquent le rire des spectateurs.

D'une manière plus générale, l'émotion du spectateur peut être liée à la tension dramatique qui s'installe au cours de la représentation théâtrale. Dans toute pièce, quel que soit son genre, le spectateur est préoccupé par le sort des personnages principaux et par la question de savoir comment sera résolu le problème qui les touche.

Plus encore, dans des pièces caractérisées par une action mouvementée, certaines scènes tiennent véritablement le spectateur en haleine. Par exemple, les scènes de combats dans *Cyrano de Bergerac* d'Edmond Rostand apparentent la pièce à un spectacle d'aventures, riche en actions et en rebondissements.

À travers ces exemples, on voit que les dramaturges cherchent souvent à capter l'attention du public et à lui procurer des émotions. Dans de tels cas, le message critique, pour autant qu'il existe, est relégué au second plan.

Malgré les réserves que nous venons d'exprimer, le théâtre continue d'apparaître comme un lieu propice à une critique sociale. Nous verrons quels genres paraissent les mieux placés pour dénoncer les « abus qui désolent la société », avant de nous intéresser aux contenus et aux procédés de la critique.

C'est traditionnellement la comédie qui prend en charge l'expression des idées de l'auteur, et tout particulièrement celle de ses dénonciations. C'est le cas, par exemple, des comédies de Molière, auxquelles l'auteur assigne explicitement un objectif critique : « Le devoir de la comédie étant de corriger les hommes en les divertissant, j'ai cru que, dans l'emploi où je me trouve, je n'avais rien de mieux à faire que d'attaquer par des peintures ridicules les vices de mon siècle » (Premier placet au roi, sur *Tartuffe*, 1664). En l'occurrence, dans *Tartuffe,* le « vice » de son époque auquel Molière s'en prend est celui de la fausse dévotion, c'est-à-dire de l'attitude de ceux qui simulent hypocritement une grande ferveur religieuse.

Même la farce, pour peu qu'elle soit un peu élaborée, comporte parfois des éléments de critique sociale. Ainsi, *La Farce de maître*

Pathelin[1] fait la satire de la justice : Pierre Pathelin, avocat, parvient à voler un marchand de drap et à faire acquitter un berger malhonnête sans être inquiété par le juge qui se laisse berner par ses habiles paroles.

D'une manière générale, les genres comiques se livrent à deux grands types de critiques : la critique des injustices sociales et la critique d'un excès propre à une époque.

En ce qui concerne la critique des injustices sociales, on remarque qu'elle est à l'œuvre dans les trois textes du corpus, à travers des personnages de valets qui s'en prennent à leurs maîtres. En effet, dans *Dom Juan* de Molière, ce qui est dénoncé, c'est surtout l'impossibilité dans laquelle se trouve le valet de dire ce qu'il pense : sa condition de valet le contraint au silence. Quand il utilise la ruse pour exprimer malgré tout ses idées, sa prise de parole reste cependant limitée, puisque Dom Juan lui ordonne de se taire (« Paix ! »).

L'Île des esclaves de Marivaux, elle, est une utopie[2] permettant à l'auteur de dénoncer le traitement réservé aux valets et aux servantes de son époque. Ainsi, alors que les conditions de valet et de maître ont été inversées, Arlequin peut désormais accuser son ancien maître Iphicrate : « J'étais ton esclave, tu me traitais comme un pauvre animal. »

Enfin, dans *Le Mariage de Figaro*, Beaumarchais fait tenir au personnage de Figaro des propos qui peuvent paraître révolutionnaires (la pièce précède d'ailleurs de quelques années seulement la Révolution française), puisqu'ils s'insurgent contre les privilèges de la noblesse : « Qu'avez-vous fait pour tant de biens ? Vous vous êtes donné la peine de naître, et rien de plus. »

Mais le théâtre se livre parfois à la critique d'un excès propre à une époque, comme le fait Molière dans *Les Femmes savantes.*

---

1. Pièce anonyme du XVe siècle.
2. *Utopie* : monde idéal, qu'un auteur bâtit en opposition à la société de son temps.

Dans cette pièce, on voit trois personnages féminins, Philaminte, Bélise et Armande, se prosterner de façon ridicule devant le piètre poète Trissotin, qu'elles perçoivent comme un moyen d'être reconnues et d'accéder au monde des gens lettrés. À travers ces personnages, Molière dénonce à la fois le peu de place accordé aux femmes dans la société, et le snobisme de celles qui se targuent d'être savantes au mépris de tout bon sens.

L'ambition dénonciatrice de la comédie paraît claire dans tous les exemples que nous avons cités. Elle ne s'exprime toutefois pas au même niveau dans toutes les pièces, étant tantôt explicite, tantôt voilée.

Dans le texte B (Marivaux, *L'Île des esclaves*) et dans le texte C (Beaumarchais, *Le Mariage de Figaro*), les dénonciations sont explicites.

Figaro et Arlequin formulent leurs reproches de façon directe, sans détour. Ainsi, certaines répliques peuvent être perçues par les spectateurs comme des vérités concernant la société dans laquelle ils vivent. C'est le cas tout particulièrement du célèbre monologue de Figaro, compris à son époque comme une attaque en règle contre la noblesse à qui le personnage reproche ici de s'être « donné la peine de naître, et rien de plus ».

On peut cependant dénoncer de façon moins brutale. Dans le texte A (Molière, Dom Juan), on voit par exemple que la dénonciation de la condition de valet est doublement voilée. D'une part, elle intervient dans un cadre fictif, se trouve exprimée par un personnage créé de toutes pièces. En outre, au sein même de la pièce, Sganarelle fait passer ses reproches en feignant de s'adresser à un maître autre que Dom Juan : c'est le procédé du théâtre dans le théâtre, qui consiste à faire tenir à un personnage un autre rôle que le sien. Ce recours au théâtre dans le théâtre est une manière, pour Molière, de montrer qu'il est difficile à un valet de dire ce qu'il pense.

Enfin, on peut se moquer pour dénoncer. Le dramaturge[1] dénonce parfois de manière implicite, en faisant apparaître comme ridicule celui qu'il veut mettre en cause. Ainsi, dans *Les Femmes savantes*, Molière fait tenir au poète Trissotin des propos excessifs et caricaturaux, qui mettent en avant son pédantisme[2]. La façon outrancière dont il lit son « Sonnet à la princesse Uranie » le fait par exemple apparaître comme un personnage vaniteux et imbu de lui-même. À ce moment de la pièce, le public comprend que l'auteur dénonce les artistes mondains qui pérorent dans les salons, même si le message n'est pas explicitement proféré au cours du spectacle.

Le théâtre apparaît donc bel et bien comme un bon moyen de dénoncer la « foule d'abus qui désolent la société ». L'histoire littéraire est en effet riche en exemples de pièces qui s'en prennent à des excès contemporains de l'écriture de la pièce, ou bien, plus largement, aux injustices qui sévissent dans toute société. Cette ambition dénonciatrice échappe cependant à des genres qui, comme la tragédie, privilégient l'émotion du spectateur. Dans la comédie, à l'inverse, elle peut coexister avec la visée divertissante du spectacle.

---

1. *Dramaturge* : auteur de théâtre.
2. *Pédantisme* : attitude prétentieuse qui consiste à faire étalage de son savoir, de ses connaissances.

4 L'argumentation : convaincre, persuader et délibérer

SUJET 21

TEXTES

A – Montesquieu, *De l'Esprit des lois* (1748), Livre XXV, chapitre 13.

B – Voltaire, *Candide* (1759), chapitre 6.

C – Ésope, *Fables*, « L'aigle et la renarde » (VIe siècle avant J.-C.), trad. R. Loayza, éd. bilingue, © GF-Flammarion, 1995.

Texte A

Montesquieu, *De l'Esprit des lois* (1748), Livre XXV, extrait du chap.13.

Une Juive de dix-huit ans, brûlée à Lisbonne au dernier autodafé[1], donna occasion à ce petit ouvrage ; et je crois que c'est le plus inutile qui ait jamais été écrit. Quand il s'agit de prouver des choses si claires, on est sûr de ne pas convaincre.

L'auteur déclare que, quoiqu'il soit Juif, il respecte la religion chrétienne, et qu'il l'aime assez pour ôter aux princes, qui ne seront pas chrétiens, un prétexte plausible pour la persécuter.

« Vous vous plaignez, dit-il aux inquisiteurs, de ce que l'empereur du Japon fait brûler à petit feu tous les chrétiens qui sont dans ses États ; mais il vous répondra : Nous vous traitons, vous qui ne croyez pas comme nous, comme vous traitez vous-mêmes ceux qui ne croient pas comme vous :

1. *Auto-da-fé* : littéralement, ce mot signifie « acte de foi ». Il désigne une pratique de l'Inquisition, qui consistait à brûler les personnes considérées comme hérétiques (soutenant une opinion contraire aux dogmes de l'Église catholique).

vous ne pouvez vous plaindre que de votre faiblesse, qui vous empêche de nous exterminer, et qui fait que nous vous exterminons.

« Mais il faut avouer que vous êtes bien plus cruels que cet empereur. Vous nous faites mourir, nous qui ne croyons que ce que vous croyez, parce que nous ne croyons pas tout ce que vous croyez. Nous suivons une religion que vous savez vous-mêmes avoir été autrefois chérie de Dieu : nous pensons que Dieu l'aime encore, et vous pensez qu'il ne l'aime plus : et parce que vous jugez ainsi, vous passez par le fer et par le feu ceux qui sont dans cette erreur si pardonnable, de croire que Dieu aime encore ce qu'il a aimé.

« Si vous êtes cruels à notre égard, vous l'êtes bien plus à l'égard de nos enfants ; vous les faites brûler, parce qu'ils suivent les inspirations que leur ont données ceux que la loi naturelle et les lois de tous les peuples leur apprennent à respecter comme des dieux. »

Texte B

Voltaire, *Candide* (1759), extrait du chapitre 6.

[Candide et son maître Pangloss sont arrêtés par l'Inquisition.]

Après le tremblement de terre qui avait détruit les trois quarts de Lisbonne, les sages du pays n'avaient pas trouvé un moyen plus efficace pour prévenir une ruine totale que de donner au peuple un bel autodafé ; il était décidé par l'université de Coïmbre que le spectacle de quelques personnes brûlées à petit feu, en grande cérémonie, est un secret infaillible pour empêcher la terre de trembler.

On avait en conséquence saisi un Biscayen[1] convaincu[2] d'avoir épousé sa commère[3], et deux Portugais qui en mangeant un poulet en avaient arraché le lard : on vint lier après

1. *Biscayen* : habitant de Biscaye, province d'Espagne.
2. *Convaincu* : signifie ici « dont on a prouvé la culpabilité ».
3. *Sa commère* : c'est-à-dire la marraine de l'enfant dont il est lui-même parrain.

le dîner le docteur Pangloss et son disciple Candide, l'un pour avoir parlé, et l'autre pour avoir écouté avec un air d'approbation : tous deux furent menés séparément dans des appartements d'une extrême fraîcheur, dans lesquels on n'était jamais incommodé du soleil ; huit jours après ils furent tous deux revêtus d'un san-benito, et on orna leurs têtes de mitres de papier : la mitre et le san-benito de Candide étaient peints de flammes renversées et de diables qui n'avaient ni queues ni griffes ; mais les diables de Pangloss portaient griffes et queues, et les flammes étaient droites. Ils marchèrent en procession ainsi vêtus, et entendirent un sermon très pathétique, suivi d'une belle musique en faux-bourdon[1]. Candide fut fessé en cadence, tandis qu'on chantait ; le Biscayen et les deux hommes qui n'avaient point voulu manger de lard furent brûlés, et Pangloss fut pendu, quoique ce ne soit pas la coutume. Le même jour la terre trembla de nouveau avec un fracas épouvantable.

Texte C

Ésope, *Fables* (VIe siècle av. J.-C.), trad. D. Loayza, © GF-Flammarion, 1995.

L'aigle et la renarde

S'étant liés d'amitié, un aigle et une renarde avaient décidé de devenir voisins, afin que l'habitude resserre leurs liens. L'aigle s'éleva donc au sommet d'un grand arbre et y fit sa couvée ; la renarde se glissa dans le buisson au pied de l'arbre pour y mettre bas. Or un jour qu'elle était sortie en quête de pâture, l'aigle dans la disette fondit sur le buisson et ravit les renardeaux, dont il se régala avec ses aiglons. À son retour, la renarde comprit ce qui s'était produit, et s'affligea non pas tant de la mort de ses petits que de son

1. *Faux-bourdon* : procédé d'écriture musicale.

incapacité à la venger : elle qui vivait sur terre ne pouvait en effet pourchasser un volatile. Aussi dut-elle rester à l'écart et s'en tenir au seul recours des impuissants et des faibles : maudire son ennemi. Cependant l'agile ne tarda pas à subir le châtiment de son manque de foi. Un jour, à la campagne, au cours du sacrifice d'une chèvre, il emporta de l'autel un viscère encore en feu, qu'il ramena dans son aire. À peine l'avait-il déposé parmi les brindilles qu'un vent violent se leva et fit jaillir d'un vieux fétu une flamme brillante ; les aiglons furent consumés, car ils étaient encore trop jeunes pour voler, et tombèrent sur le sol. La renarde se précipita, et sous les yeux de l'aigle les dévora jusqu'au dernier.

La fable montre que les traîtres à l'amitié échappent peut-être à la vengeance de leurs victimes trop faibles, mais ne sauraient se soustraire au châtiment divin.

Questions sur le corpus

1. Les trois documents traitent du thème de la religion. Expliquez le message que chacun des auteurs cherche à délivrer sur ce thème, en vous appuyant sur des passages précis des textes.

2. Étudiez les principaux procédés argumentatifs à l'œuvre dans les textes du corpus. Illustrez votre réponse d'exemples précis.

Commentaire

Vous commenterez le texte de Voltaire (texte B)

Dissertation

Parmi les genres argumentatifs, quels sont, selon vous, ceux qui font le mieux passer les idées de l'auteur ? Vous répondrez dans un développement argumenté, en vous appuyant sur les textes du corpus, les œuvres étudiées ainsi que vos lectures personnelles.

Écriture d'invention

Inventez une courte histoire à travers laquelle vous dénoncerez implicitement la superstition. Comme dans le texte de Voltaire (texte B), la fin du récit apportera la preuve de l'absurdité des actes superstitieux exercés par les personnages de votre histoire. Celle-ci se situera de nos jours, dans le pays de votre choix. Vous utiliserez les temps verbaux caractéristiques du récit.

ÉLÉMENT TRAITÉ

PLAN DÉTAILLÉ

Ce sujet invite à choisir un plan thématique qui étudie les qualités spécifiques de différents genres argumentatifs. L'essai, la fable et le conte philosophique, qui figurent explicitement au programme de la classe de première, doivent apparaître dans la dissertation. On ordonnera les parties en fonction de la réponse que l'on veut apporter à la question : on terminera par le genre dont on pense qu'il parvient le mieux à transmettre le message de l'auteur.

I/LE SÉRIEUX DE L'ESSAI

1. Une dimension propice à la réflexion

L'essai est un genre argumentatif souvent plus développé que la fable ou le conte, ou encore le pamphlet ou la lettre ouverte. Par conséquent, il peut approfondir un sujet.

Ainsi, les *Essais sur la peinture* de Diderot détaillent en plusieurs chapitres les réflexions de l'auteur sur la couleur, le dessin, la composition des tableaux, etc.

2. Une position revendiquée et assumée par l'auteur

Dans l'essai, les idées exprimées sont explicitement celles de l'auteur. Celui qui signe le livre et met son nom sur la couverture est aussi celui qui dit « je » au sein de l'ouvrage. Il n'y a donc pas de doute ni de confusion possible concernant les prises de position : ce sont bien celles de l'auteur. C'est ainsi que dans l'avertissement au lecteur de ses *Essais,* Montaigne affirme : « C'est ici un livre de bonne foi, lecteur. Il t'avertit, dès l'entrée que je ne m'y suis proposé aucune fin, que domestique et privée. » Il n'y a donc pas de doute ni de confusion possible concernant les prises de position : ce sont bien celles de l'auteur. À l'inverse, dans la fable ou le conte, la multiplicité des voix peut parfois brouiller le message que l'auteur cherche à délivrer.

3. Une argumentation rigoureuse

L'essai se présente comme un genre sérieux. Pour développer ses idées, l'essayiste utilise des arguments organisés de façon logique et illustrés d'exemples analysés qui viennent renforcer la force argumentative de ses propos. Il mène ainsi une réflexion construite sur son sujet. C'est le cas par exemple de l'essai de Camus intitulé *Le Mythe de Sisyphe,* qui s'attache à démontrer que la notion d'absurde permet d'expliquer le monde contemporain.

De même, l'extrait de *De l'Esprit des lois* de Montesquieu (texte A) fait apparaître les incohérences des comportements intolérants en matière de religion.

L'essai apparaît donc comme le genre le plus propice à exprimer clairement les idées de l'auteur. On sait que ce sont les siennes, elles sont développées et présentées de façon organisée. Cependant, cet aspect sérieux et rigoureux peut aussi décourager certains lecteurs, qui préféreront le dynamisme du dialogue.

II/L'ASPECT SÉDUISANT DE LA FABLE ET DU CONTE PHILOSOPHIQUE

1. La voie de la fiction

La fable exprime un message de façon détournée, par le biais de la fiction. C'est le cas des *Fables* d'Ésope ou de celles de La Fontaine, qui font la part belle au récit, la moralité étant reléguée au début ou à la fin du texte, quand elle n'est pas tout simplement implicite. Ainsi, les idées de l'auteur paraissent accessibles quand elles s'expriment sous la forme d'une histoire brève, faisant référence à des situations simples, aisément compréhensibles.

Le genre voisin de la fable qu'est le conte philosophique permet lui aussi de rendre plus accessibles les idées de l'auteur. Un écrivain comme Voltaire excelle tout particulièrement à vulgariser des idées complexes grâce au conte philosophique. Ainsi, la querelle qui oppose les jésuites et les jansénistes s'éclaire lorsqu'elle est incarnée par des personnages dans *L'Ingénu,* de même que les pratiques de l'Inquisition apparaissent dans toute leur cruauté et leur absurdité à travers la description qui en est faite dans *Candide* (texte B).

2. Le caractère implicite du message

Dans la fable ou les genres voisins, le message est souvent implicite. Ainsi, une fable politique comme *La Ferme des animaux* de George Orwell évoque implicitement l'échec inhérent à toute révolution, à travers l'histoire d'une ferme dans laquelle les animaux chassent les hommes pour prendre le pouvoir : petit à petit, les animaux instaurent une forme de tyrannie au moins aussi insupportable que celle des hommes. L'histoire est simple, facile à suivre, tandis que l'aspect implicite du message ne l'alourdit pas, permet de lui conserver un intérêt en tant qu'histoire.

De même, dans les contes philosophiques et dans de nombreuses fables de La Fontaine, la morale est, soit implicite, soit exprimée de façon brève et concise, ce qui permet d'éviter que l'histoire racontée ne prenne l'allure d'une leçon de morale.

Pour toutes ces raisons, la fable et le conte philosophique apparaissent comme les genres les plus propices à transmettre les idées de l'auteur, dans la mesure où ils les expriment de façon simple et accessible, et où ils éveillent l'intérêt du lecteur par l'attention qu'ils portent à l'histoire racontée.

5 L'autobiographie

SUJET 22

TEXTES

A – Anne Frank, *Journal* (1942-1944), traduit du néerlandais par Philippe Noble et Isabelle Rosselin-Bobulesco, © Calmann-Lévy (1992-2001).
B – Primo Levi, *Si c'est un homme* (1947), traduit de l'italien par Martine Schruoffeneger, © Éditions Laffont.
C – Michel del Castillo, *Tanguy* (1957) © éditions Gallimard.

Texte A

Anne Frank, extrait du *Journal* (1942-1944), © Calmann-Lévy.

[Pour échapper aux arrestations qui frappent les Juifs, la famille Frank se cache pendant deux ans dans l'annexe dérobée d'une maison d'Amsterdam avant d'être finalement arrêtée et déportée. Deux années durant lesquelles Anne, âgée de 13 à 15 ans, tient son journal. L'extrait ci-dessous rend compte de ses premières impressions sur l'Annexe.]

Je crois que je ne me sentirai jamais chez moi dans cette maison, ce qui ne signifie absolument pas que je m'y sens mal, mais plutôt comme dans une pension de famille assez singulière où je serais en vacances. Une conception bizarre de la clandestinité, sans doute, mais c'est la mienne. L'Annexe est une cachette idéale, et bien qu'humide et biscornue, il n'y en a probablement pas de mieux aménagée ni de plus confortable dans tout Amsterdam, voire dans toute la Hollande. Avec ses murs vides, notre petite chambre faisait très nue. Grâce à Papa, qui avait emporté à l'avance toute ma collection de cartes postales et de photos de stars de cinéma, j'ai pu enduire tout le mur avec un pinceau et de la colle et faire de la chambre une gigantesque image. C'est beaucoup plus gai comme ça et quand les Van Daan nous rejoindront, nous pourrons fabriquer des étagères et d'autres petites bricoles avec le bois entreposé au grenier. Margot et Maman se sentent un peu retapées, hier Maman a voulu se remettre aux fourneaux pour faire de la soupe aux pois, mais pendant qu'elle bavardait en bas, elle a oublié la soupe qui a brûlé si fort que les pois, carbonisés, collaient au fond de la casserole.

Hier soir, nous sommes descendus tous les quatre dans le bureau privé et avons mis la radio de Londres, j'étais tellement terrorisée à l'idée qu'on puisse nous entendre que j'ai littéralement supplié Papa de remonter avec moi ; Maman a compris mon inquiétude et m'a accompagnée. Pour d'autres choses aussi, nous avons très peur d'être vus ou entendus par les voisins.

Samedi 11 juillet 1942

Texte B

Primo Levi, extrait de *Si c'est un homme* (1947), © Éditions Laffont.

[Primo Levi a été déporté en 1943, à l'âge de vingt-quatre ans, au camp d'Auschwitz. Si c'est un homme est le récit de sa déportation. L'extrait ci-dessous évoque l'arrivée des déportés au camp.]

Une dizaine de SS, plantés sur leurs jambes écartées, se tenaient à distance, l'air indifférent. À un moment donné, ils s'approchèrent, et sans élever la voix, le visage impassible, ils se mirent à interroger certains d'entre nous en les prenant à part, rapidement : « Quel âge ? En bonne santé ou malade ? » et selon la réponse, ils nous indiquaient deux directions différentes.

Tout baignait dans un silence d'aquarium, de scène vue en rêve. Là où nous nous attendions à quelque chose de terrible, d'apocalyptique, nous trouvions, apparemment, de simples agents de police. C'était à la fois déconcertant et désarmant. Quelqu'un osa s'inquiéter des bagages : ils lui dirent « bagages, après » ; un autre ne voulait pas quitter sa femme : ils lui dirent « après, de nouveau ensemble » ; beaucoup de mères refusaient de se séparer de leurs enfants : ils leur dirent « bon, bon, rester avec enfants ». Sans jamais se départir de la tranquille assurance de qui ne fait qu'accomplir son travail de tous les jours ; mais comme Renzo s'attardait un peu trop à dire adieu à Francesca, sa fiancée, d'un seul coup en pleine figure ils l'envoyèrent rouler à terre : c'était leur travail de tous les jours.

En moins de dix minutes, je me trouvai faire partie du groupe des hommes valides. Ce qu'il advint des autres, femmes, enfants, vieillards, il nous fut impossible alors de le savoir : la nuit les engloutit, purement et simplement. Aujourd'hui pourtant, nous avons que ce tri rapide et sommaire avait servi à juger si nous étions capables ou non de travailler utilement pour le Reich ; nous savons que les camps de Buna-Monowitz et de Birkenau n'accueillirent respectivement que quatre-vingt-seize hommes et vingt-neuf femmes de notre convoi et que deux jours plus tard il ne restait de tous les autres – plus de cinq cents – aucun survivant. Nous savons aussi que même ce semblant de critère dans la discrimination entre ceux qui étaient reconnus aptes et ceux qui ne l'étaient pas ne fut pas toujours appliqué, et qu'un système plus expéditif fut adopté par la suite : on ouvrait les portières des wagons des deux côtés en même temps, sans avertir les nouveaux venus ni leur dire ce qu'il fallait faire. Ceux que le hasard faisait descendre du bon côté entraient dans le camp ; les autres finissaient à la chambre à gaz.

Texte C

Michel del Castillo, extrait de *Tanguy* (1957), © éditions Gallimard.

[Sous-titré « Histoire d'un enfant d'aujourd'hui », Tanguy s'inspire de la vie réelle de l'auteur, Michel del Castillo. Dans l'extrait ci-dessous, le personnage se trouve dans un camp de concentration en Allemagne.]

Noël 1943. Tanguy ne pourrait plus jamais oublier cela. Ce fut dans ce monde du silence et de la mort comme une trêve mélancolique, faite de l'espoir de tous. Quelques jours à l'avance, les internés commencèrent à nettoyer leurs baraques, à les orner de branches de sapin, de guirlandes faites avec du papier colorié ; ils inscrivirent des sentences sur les portes… Puis Noël arriva.

La revue du soir fut plus courte que d'habitude et le commandant souhaita un heureux Noël aux détenus. Puis les haut-parleurs commencèrent à diffuser des chants de Noël. Sur la soupe flottaient des pommes de terre et elle était moins rouge qu'à l'accoutumée ; le morceau de pain parut à chacun plus gros.

L'atmosphère du camp avait complètement changé. Ceux-là même qui d'habitude s'insultaient ou se battaient se parlèrent avec gentillesse ce soir-là ; ils échangeaient des mégots qu'ils avaient achetés aux latrines ; ils se demandaient des nouvelles les uns des autres. Ils étaient devenus gentils même avec Gunther et l'un d'eux, qui s'était toujours acharné contre le jeune homme, alla jusqu'à lui serrer la main.

Ce fut comme un îlot de paix au milieu d'un océan de haine. Couchés sur leurs paillasses, les déportés rêvaient de leurs pays, de leurs foyers, d'autres Noëls de paix. Ils se sentaient, ce soir-là, liés de nouveau étroitement au reste du monde et ils avaient l'intuition que ce qui les y rattachait, c'était l'Espoir. L'espoir d'un monde plus juste et meilleur, l'espoir d'une paix accordée enfin aux hommes de bonne volonté, surtout l'espoir de passer d'autres Noëls chez eux et de redevenir des hommes.

Question sur le corpus

Après avoir étudié l'énonciation dans chacun de ces textes, dites à quel genre littéraire appartient chacun d'eux.

Commentaire

Vous commenterez le texte de Michel Del Castillo (texte C).

Dissertation

Dans *L'Écriture ou la Vie* (1994), Jorge Semprun réfléchit sur la difficulté qu'il y a à rendre compte d'une expérience de déportation et exprime son doute sur la possibilité de raconter une telle expérience.

Selon lui, « seul l'artifice d'un récit maîtrisé parviendra à transmettre partiellement la vérité du témoignage ».

Selon vous, la réécriture maîtrisée des souvenirs personnels est-elle plus à même que le récit spontané d'accéder à la valeur d'un témoignage historique ? Vous répondrez en un développement argumenté, en vous appuyant sur les textes du corpus, les œuvres étudiées en classe ainsi que vos lectures personnelles.

Écriture d'invention

Écrivez une page de journal intime correspondant au récit d'une journée que vous daterez avec précision. Cette journée sera marquée par un événement d'actualité (celui de votre choix) dont vous évoquerez les répercussions sur votre vie quotidienne. Vous respecterez les éléments caractéristiques de l'écriture d'un journal.

ÉLÉMENTS TRAITÉS

Pour montrer à l'élève comment traiter la question (ou les questions) sur le corpus, nous proposons ici un exemple de réponse rédigée.

Tous les autres éléments traités concernent la dissertation.

RÉPONSE À LA QUESTION

L'étude de l'énonciation oblige tout d'abord à se demander qui parle dans le texte.

Dans le texte A (extrait du *Journal* d'Anne Frank), c'est Anne qui parle. Elle s'exprime à la première personne du singulier, quand elle évoque ses sentiments personnels : « Je crois que je ne me sentirai jamais chez moi dans cette maison » (l. 1-2). Elle emploie la première personne du pluriel quand elle désigne l'ensemble de la famille : « Quand les Van Daan nous rejoindront, nous pourrons fabriquer des étagères et d'autres petites bricoles avec le bois entreposé au grenier » (l. 14-16).

Dans le texte B (extrait de *Si c'est un homme* de Primo Levi), la narration est également à la première personne : le narrateur dit « nous » quand il évoque le groupe des déportés (« ils se mirent à interroger certains d'entre nous », l. 4) ; « je » quand il renvoie à sa situation personnelle (« je me trouvai faire partie du groupe des hommes valides », l. 22-23).

À l'inverse, le texte C (extrait de *Tanguy* de Michel del Castillo) est un récit à la troisième personne : « Tanguy ne pourrait plus jamais oublier cela » (l. 1).

Pour étudier l'énonciation, on doit également identifier le cadre spatio-temporel du texte. Ce qui retient d'emblée notre attention, c'est le fait que les trois textes du corpus renvoient à la période de la Seconde Guerre mondiale. En effet, dans l'extrait du *Journal* d'Anne Frank (texte A), la date du « 11 juillet 1942 », l'évocation de la « clandestinité » (l. 5), mais aussi l'allusion à « la radio de Londres » (l. 23), c'est-à-dire la BBC, qui émettait les messages de la Résistance à l'occupation allemande, constituent autant d'éléments caractéristiques de ce contexte. Dans le texte de Primo Levi (texte B), ce sont les noms propres qui renvoient à la Seconde Guerre mondiale : « SS » (l. 1), « le Reich » (l. 28), « les camps de Buna-Monowitz et de Birkenau » (l. 29). De même, l'extrait de *Tanguy* (texte C) évoque un « camp » (l. 14) et des « déportés » (l. 23). On remarque donc que les textes B et C ont en commun de renvoyer à l'expérience de la déportation.

À l'inverse, le récit d'Anne Frank se situe explicitement dans la ville d'Amsterdam : « Amsterdam » (l. 8), « la Hollande » (l. 9).

Enfin, l'étude des temps verbaux, associée aux éléments précédemment relevés, nous permet de conclure sur le genre littéraire auquel appartient chacun de ces textes.

Ainsi, le texte A est un journal intime : les pronoms de première personne, le paratexte (notamment le titre : *Journal*), l'usage du présent et du passé composé (« je crois », l. 1 ; « j'ai pu enduire tout le mur », l. 12) qui permettent de livrer ses impressions au jour le jour, en sont des traits caractéristiques.

Le texte B, lui, a essentiellement recours aux temps du récit que sont le passé simple (« je me trouvai », l. 22) et l'imparfait (« c'était leur travail », l. 21), ce qui traduit le recul du narrateur par rapport aux événements racontés. Il est par ailleurs capable d'apporter des informations nouvelles sur les faits, informations dont il ne disposait pas au moment où il les vivait : « Aujourd'hui pourtant, nous savons que ce tri rapide et sommaire avait servi à juger si nous étions capables ou non de travailler pour le Reich » (l. 26-28). Ces éléments, ainsi que le paratexte, qui précise que les événements racontés ont été vécus par Primo Levi, nous permettent d'affirmer que ce texte est extrait d'un récit autobiographique. On parlera ici plus volontiers de récit autobiographique que d'autobiographie, car le récit n'englobe pas toute la vie de l'auteur, mais se limite à la période de son expérience des camps.

Enfin, dans le texte C, comme dans le texte de Primo Levi, on observe une certaine distance du narrateur par rapport aux faits rapportés, puisqu'il est ici en mesure de dresser une sorte de bilan des événements vécus : « Ce fut comme un îlot de paix au milieu d'un océan de haine » (l. 22-23). Ce recul dans le temps, ainsi que les informations fournies par le paratexte nous conduisent à penser que *Tanguy* est un roman d'inspiration autobiographique. Il est en effet en partie fictif, puisque l'identité du personnage principal, Tanguy, est inventée et diffère du nom de l'auteur qui signe le livre. Cependant, le récit s'inspire de faits réels.

Lire attentivement le sujet

Le sujet de dissertation est composé de trois parties :
– Une première partie qui présente le livre dont est extraite la citation. Il s'agit de *L'Écriture ou la Vie* (1994) de Jorge Semprun, écrivain français d'origine espagnole, né en 1923 à Madrid. Membre de la Résistance française, il est arrêté en 1943 par la Gestapo et envoyé au camp de concentration de Buchenwald. Son livre est moins le récit d'une déportation qu'une réflexion sur la difficulté de témoigner.
– Une deuxième partie, la citation, qui constitue un jugement de Jorge Semprun, mettant en valeur la notion de récit maîtrisé.
– Une troisième partie, la consigne, qui pose une question et qui invite à la discussion.

Repérer et analyser les notions importantes

Le libellé du sujet est particulièrement long, mais on peut retenir trois notions principales qui vont guider la réflexion du devoir :
– Le récit maîtrisé/La réécriture maîtrisée : Il s'agit à travers le terme de réécriture d'envisager la possibilité de raconter l'événement vécu, et la notion de maîtrise désigne la « qualité, fonction d'une personne qui commande, exerce sa domination ». Jorge Semprun parle de « l'artifice » d'un récit maîtrisé. Or l'artifice désigne un moyen habile, ingénieux pour veiller précisément à contrôler un récit construit avec les imperfections de la mémoire, les vérités que l'on cache... Ce qui conduit à se poser différentes questions : qu'est-ce que maîtriser son récit ? S'agit-il de ne laisser transparaître ni jugement, ni émotion qui risqueraient de fausser « la vérité historique » ou « la vérité du témoignage », en ce qui concerne ici l'expérience de la déportation ? La maîtrise d'un récit suppose-t-elle des vérités que l'on cache, des mensonges ?
– Le récit spontané : il apparaît comme la notion contraire au récit maîtrisé, il exprime un récit placé sous le signe de la sincérité, du naturel. La spontanéité signifie-t-elle l'épanchement des passions, des émotions ? S'oppose-t-elle alors à l'écriture de la vérité ?

Quelle est la forme biographique qui exprime le mieux cette spontanéité ? Est-ce le journal intime ?
– Un témoignage historique : dans la formulation de la consigne, ce témoignage semble constituer le but ultime de l'écriture d'une expérience évoquée par ses souvenirs personnels. Il pose le problème de la subjectivité de l'individu face à l'objectivité exigée par les historiens : Peut-on tout dire ? L'individu peut-il écrire l'Histoire ?

Reformuler le sujet

Ce sujet traite de la difficulté de rendre compte d'un témoignage historique par le biais des souvenirs personnels et pose alors la question du choix d'écriture entre un récit contrôlé par la volonté et la raison et un récit où le naturel affleure.

Délimiter le sujet

Ce sujet se rattache à l'objet d'étude sur l'autobiographie, au sens où il désigne toutes les formes qui renvoient au récit qu'un auteur fait de sa propre vie. Ce sont autant les autobiographies, les journaux intimes, les romans autobiographiques, que les mémoires qui sont concernés ici et qui doivent faire l'objet d'une étude particulière.

Rassembler et classer les idées

On pourra dégager deux pistes de réflexion principales :
– L'une concerne le genre de l'autobiographie : quelle est la forme la mieux adaptée pour rendre compte d'un récit spontané ? Cette spontanéité peut-elle avoir valeur de témoignage historique ? Quelles formes se prêtent à la véracité du témoignage ? Cette interrogation soulève le problème du genre littéraire qui convient le mieux à ce type de témoignage : est-ce le journal, qui rend compte des événements au jour le jour ? le récit rétrospectif, qui prend du recul par rapport aux faits ? le roman à dimension autobiographique, qui prend encore plus de distance, en utilisant des éléments fictifs ?
– Une autre piste concerne le couple récit maîtrisé/récit spontané : comment peut-on définir chacun de ces termes ? Les émotions

nuisent-elles à l'écriture de l'Histoire ? Parvient-on seulement à rendre compte dans un récit de la Vérité ? Quelle est-elle ?

Trouver une problématique

Ce sujet amène à se demander si, pour être crédible, le témoignage sur l'Histoire doit être spontané, ou bien, comme le pense Jorge Semprun, présenter une réécriture maîtrisée des souvenirs personnels. On pourra alors formuler ainsi la problématique :

« La vérité d'un témoignage sur l'Histoire s'exprime-t-elle davantage au travers d'un récit spontané, d'un récit reconstruit ou encore ne parvient-elle jamais à se dire ? »

Choisir un type de plan

Ce sujet invite à la discussion, on choisira donc un plan dialectique.

INTRODUCTION

Le témoignage d'un auteur sur l'Histoire est un cas particulier de récit autobiographique. Dans une période historique troublée, de nombreux écrivains souhaitent rendre compte du caractère exceptionnel de ce qu'ils vivent. Plus encore, il arrive que certains d'entre eux se mettent à écrire parce qu'il leur paraît nécessaire de raconter leur expérience. C'est le cas pour plusieurs récits célèbres de déportation, dont les auteurs n'avaient pas, à l'origine, vocation d'écrivain.

Pour autant, l'entreprise n'est pas aisée. Dans *L'Écriture ou la Vie* (1994), Jorge Semprun réfléchit sur la difficulté à rendre compte d'une expérience de déportation et exprime son doute sur la possibilité de raconter une telle expérience. Il affirme que « seul l'artifice d'un récit maîtrisé parviendra à transmettre partiellement la vérité du témoignage ».

La question qui se pose est de savoir si la vérité d'un témoignage sur l'Histoire s'exprime davantage au travers d'un récit spontané, d'un récit reconstruit ou si elle ne parvient jamais à se dire.

Nous examinerons tout d'abord dans quelle mesure le récit spontané des souvenirs personnels revêt une valeur de témoignage historique. Puis nous nous demanderons quel sens on peut donner au récit rétrospectif qui fait l'objet d'une réécriture maîtrisée des événements vécus. Et enfin, nous verrons si le récit biographique est à même de rendre compte de la Vérité, alors même que tout souvenir est considéré comme une vue partielle des choses.

CONCLUSION

Le récit spontané donne toute son authenticité au témoignage historique, dans la mesure où il reste fidèle à la réalité des événements vécus. Pourtant, on a pu montrer que la réécriture maîtrisée des souvenirs personnels, qui privilégie la prise de distance, permet une réflexion pertinente et nuancée des expériences vécues. Mais si la mémoire a des failles, c'est que le genre autobiographique atteint ses limites. En effet, il convient de se demander s'il est possible d'écrire la vérité, quand la subjectivité de l'individu se substitue à l'objectivité de l'Histoire. Le récit autobiographique devient alors le miroir des émotions qui animent un écrivain et permettent de toucher le lecteur, l'auteur reconstituant alors sa propre vérité. S'esquisse ainsi une véritable réflexion sur le sens de l'Écriture.

Il demeure alors une question essentielle : dans quelle mesure l'écriture se substitue-t-elle à la vie ?

6 Les réécritures

SUJET 23

TEXTES

A – Jean-Jacques Rousseau, *Les Confessions* (1765-1770), Livre V.
B – Jules Vallès, *L'Enfant* (1879), chapitre XI, « Le Lycée ».

Texte A

Jean-Jacques Rousseau, *Les Confessions* (1765-1770), extrait du Livre V.

[Rousseau, employé comme laquais par Mme de Vercellis qui vient de mourir, commet un vol avant d'accuser Marion, une jeune servante de la maison, d'en être l'auteur. Cet aveu d'un épisode honteux du passé a naturellement sa place dans une autobiographie intitulée Les Confessions.*]*

Il est bien difficile que la dissolution d'un ménage n'entraîne un peu de confusion dans la maison, et qu'il ne s'égare bien des choses : cependant, telle était la fidélité des domestiques et la vigilance de M. et Mme Lorenzini[1], que rien ne se trouva de manque sur l'inventaire. La seule Mlle Pontal[2] perdit un petit ruban couleur de rose et argent, déjà vieux. Beaucoup d'autres meilleures choses étaient à ma portée ; ce ruban seul me tenta, je le volai, et comme je ne le cachais guère, on me le trouva bientôt. On voulut savoir où je l'avais pris. Je me trouble, je balbutie, et enfin je dis, en rougissant, que c'est Marion qui me l'a donné.

1. *M. et Mme Lorenzini* : couple d'employés de Mme de Vercellis, sous l'autorité desquels travaillent les autres domestiques.
2. *Mlle Pontal* : femme de chambre de Mme de Vercellis.

Marion était une jeune Mauriennoise[1] dont Mme de Vercellis avait fait sa cuisinière, quand, cessant de donner à manger, elle avait renvoyé la sienne, ayant plus besoin de bons bouillons que de ragoûts fins. Non seulement Marion était jolie, mais elle avait une fraîcheur de coloris qu'on ne trouve que dans les montagnes, et surtout un air de modestie et de douceur qui faisait qu'on ne pouvait la voir sans l'aimer ; d'ailleurs bonne fille, sage, et d'une fidélité à toute épreuve. C'est ce qui surprit quand je la nommai.

L'on n'avait guère moins de confiance en moi qu'en elle, et l'on jugea qu'il était important de vérifier lequel était le fripon des deux. On la fit venir ; l'assemblée était nombreuse, le comte de la Roque[2] y était. Elle arrive, on lui montre le ruban, je la charge effrontément ; elle reste interdite, se tait, me jette un regard qui aurait désarmé les démons, et auquel mon barbare cœur résiste. Elle nie enfin avec assurance, mais sans emportement, m'apostrophe, m'exhorte à rentrer en moi-même, à ne pas déshonorer une fille innocente qui ne m'a jamais fait de mal et moi, avec une impudence infernale, je confirme ma déclaration, et lui soutiens en face qu'elle m'a donné le ruban. La pauvre fille se mit à pleurer, et ne me dit que ces mots : Ah ! Rousseau, je vous croyais un bon caractère. Vous me rendez bien malheureuse ; mais je ne voudrais pas être à votre place. Voilà tout. Elle continua de se défendre avec autant de simplicité que de fermeté, mais sans se permettre jamais contre moi la moindre invective. Cette modération, comparée à mon ton décidé, lui fit tort. Il ne semblait pas naturel de supposer d'un côté une audace aussi diabolique, et de l'autre une aussi angélique douceur. On ne parut pas se décider absolument, mais les préjugés étaient pour moi. Dans le tracas où l'on

---

1. *Mauriennoise* : originaire de la vallée de la Maurienne, en Savoie.
2. *Comte de la Roque* : héritier de Mme de Vercellis.

était, on ne se donna pas le temps d'approfondir la chose ; et le comte de la Roque, en nous renvoyant tous deux, se contenta de dire que la conscience du coupable vengerait assez l'innocent. Sa prédiction n'a pas été vaine ; elle ne cesse pas un seul jour de s'accomplir.

Texte B

Jules Vallès, *L'Enfant* (1879), extrait du chapitre XI.

[Jacques Vingtras est le narrateur et le personnage principal de L'Enfant, *roman autobiographique de Jules Vallès. Il fait ici l'aveu d'un « crime » commis alors qu'il était collégien.]*

On donnait au collège de Saint-Étienne, comme partout, des exemptions[1]. Mon père avait le droit d'en distribuer ailleurs que dans sa classe, parce qu'il faisait tous les quinze jours une surveillance dans quelque étude ; il allait dans chacune à tour de rôle, et il pouvait infliger des punitions ou délivrer des récompenses. Le garçon qui avait les livres à gravures consentit à me les prêter, si je voulais lui procurer des exemptions.

Mes cheveux ne se dressèrent pas sur ma tête.

« Tu sais faire le paraphe de ton père ? »

Mes mains ne me tombèrent pas des bras, ma langue ne sécha pas dans ma bouche.

« Fais-moi une exemption de deux cents vers et je te prête la *Vie de Cartouche.* »

Mon cœur battait à se rompre.

« Je te la donne ! Je ne te la prête pas, je te la donne… »

Le coup était porté, l'abîme creusé ; je jetai mon honneur par-dessus les moulins, je dis adieu à la vie de société, je me réfugiai dans le faussariat.

J'ai ainsi fourni d'exemptions pendant un temps que je n'ose mesurer, j'ai bourré de signatures contrefaites ce

1. *Exemption* : récompense qui permet d'être dispensé d'une punition.

garçon, qui avait, il est vrai, conçu le premier l'idée de cette criminelle combinaison, mais dont je me fis, tête baissée, l'infernal complice.

À ce prix-là, j'eus des livres – tous ceux qu'il avait lui-même ; il recevait beaucoup d'argent de sa famille, et pouvait même entretenir des grenouilles derrière des dictionnaires. J'aurais pu avoir des grenouilles aussi – il m'en a offert – mais si j'étais capable de déshonorer le nom de mon père pour pouvoir lire, parce que j'avais la passion des voyages et des aventures, et si je n'avais pu résister à cette tentation-là, je m'étais juré de résister aux autres, et je ne touchai jamais la queue d'une grenouille, qu'on me croie sur parole ! Je ne ferai pas des moitiés d'aveux.

Et n'est-ce point assez d'avoir trompé la confiance publique, imité une signature honorable et honorée, pendant deux ans ! Cela dura deux ans. Nous nous arrêtâmes, las du crime ou parce que cela ne servait plus à rien, j'ai oublié, et nul ne sut jamais que nous avions été des faussaires. Je le fus et je ne m'en portai pas plus mal. On pourrait croire que le sentiment du crime enfièvre, que le remords pâlit ; il est des criminels, malheureusement, sur qui rien ne mord et que leur infamie n'empêche pas de jouer à la toupie et de mettre insouciamment des queues de papier au derrière des hannetons.

Ce fut mon cas : beaucoup de queues de papier, force toupies. C'est peut-être un remède, et je n'ai jamais eu le teint si frais, l'air si ouvert, que pendant cette période du faussariat.

Questions sur le corpus

1. À quel genre littéraire appartiennent ces deux textes ? Justifiez votre réponse.

2. Le texte de Vallès peut-il apparaître comme une réécriture de celui de Rousseau ? Montrez quels sont les points de rapprochements entre les deux textes, mais aussi par quels aspects ils diffèrent l'un de l'autre.

Dissertation

Quels sont, selon vous, les intérêts et les limites des réécritures ?

Vous répondrez dans un développement composé, en vous appuyant sur les textes du corpus, les œuvres étudiées au cours de l'année, ainsi que vos lectures personnelles. Vous pourrez étendre votre réflexion à d'autres formes d'expression que la littérature.

Écriture d'invention

À la manière de Vallès dans le texte B, vous raconterez un épisode de votre enfance dans lequel vous avez commis un acte que vous saviez mauvais, sans pour autant en éprouver de la honte. Cet épisode pourra être inventé, mais il devra rester vraisemblable. Vous situerez votre histoire dans le temps et dans l'espace, l'organiserez en paragraphes et utiliserez principalement les temps verbaux caractéristiques du récit.

ÉLÉMENT TRAITÉ

PLAN DÉTAILLÉ

Réécrire signifie « écrire à nouveau ». La notion implique donc que l'auteur écrive à partir d'un modèle préexistant. Se pose alors la question de l'originalité de son œuvre, et du même coup, de son intérêt et de ses limites. Pour y répondre, nous avons choisi un plan thématique.

I/LES INTÉRÊTS DES RÉÉCRITURES

1. <u>L'amélioration d'une première version</u>

Un écrivain peut réécrire l'œuvre d'un autre en l'enrichissant, en la développant.

De nombreuses fables de La Fontaine paraissent plus riches et plus inventives que celles d'Ésope dont il s'inspire, le passage de la prose aux vers étant notamment source de renouvellement. La même observation peut se faire au sein de l'œuvre d'un même artiste.

Au cinéma, par exemple, Hitchcock a donné deux versions de *L'Homme qui en savait trop,* l'une en 1934, l'autre en 1956. Dans la seconde, le suspense est plus important que dans la première, grâce à des détails disséminés tout au long de l'histoire (par exemple, le chant de la mère qui permet la résolution de l'intrigue à la fin du film).

2. Le plaisir de la reconnaissance

Les réécritures procurent au lecteur un sentiment de familiarité vis-à-vis des lieux, des personnages et/ou des situations, qui constitue pour lui le plaisir de la reconnaissance.

Les *Aventures de Télémaque* de Fénelon reprennent des lieux, un contexte et des personnages (Télémaque, Calypso, Ulysse, les prétendants, etc.) déjà connus du lecteur de l'œuvre d'Homère, même si les « aventures » à proprement parler sont inventées par Fénelon lui-même.

L'extrait de *L'Enfant* de Vallès (texte B) nous situe d'emblée dans le registre de la confession, notamment à travers l'utilisation du champ lexical de la faute : « je jetai mon honneur par-dessus les moulins » (l. 17-18), « un temps que je n'ose mesurer » (l. 20-21), « cette criminelle combinaison » (l. 22-23), « l'infernal complice » (l. 23-24), « avoir trompé la confiance publique » (l. 35-36), « crime » (l. 38). L'usage de ce vocabulaire nous fait songer aux *Confessions* de Rousseau, et notamment au célèbre passage du ruban volé (texte A) où l'auteur évoque son « barbare cœur » (l. 27) et son « impudence infernale » (l. 31). Cette proximité des situations, dans lesquelles les narrateurs semblent prêts à tout dévoiler d'eux-mêmes, y compris les aspects les moins flatteurs, est un élément du plaisir de la lecture.

3. L'humour de la parodie

Lorsque la réécriture est parodique, elle est source de comique.

Plus exactement, elle n'est comique que si l'on parvient à identifier la source du texte (ou du tableau, du film, etc.). Il en est ainsi des réécritures de certaines fables de La Fontaine par Raymond Queneau (« Le Peuplier et le Roseau », inspiré de la fable « Le Chêne et le Roseau ») ; la parodie existe également au cinéma (par exemple *Frankenstein Junior,* de Mel Brooks de 1974 parodie le *Frankenstein* de James Whale de 1931).

L'extrait de *L'Enfant* de Vallès (texte B) peut donner l'impression d'une réécriture parodique de celui des *Confessions* de Rousseau (texte A). Ainsi, Vallès utilise, comme Rousseau, le vocabulaire de la faute, mais il change la portée de son texte par rapport à une confession traditionnelle. Chez Jacques Vingtras, en effet, la certitude d'avoir commis une faute n'entraîne pas la culpabilité, mais au contraire une joie insouciante : « On pourrait croire que le sentiment du crime enfièvre, que le remords pâlit ; il est des criminels, malheureusement, sur qui rien ne mord et que leur infamie n'empêche pas de jouer à la toupie et de mettre insouciamment des queues de papier au derrière des hannetons » (l. 40-45). On voit donc que l'auteur détourne ici, à des fins parodiques, la portée de la confession.

Cette chute inattendue du passage est source de surprise et de plaisir pour le lecteur qui connaît le genre de la confession.

II/Les limites des réécritures

1. La perte d'intérêt du lecteur

L'intérêt du lecteur peut être plus faible pour une œuvre « réécrite » que pour l'œuvre originale. En effet, l'intrigue est connue et le suspense disparaît.

Les réécritures de mythes célèbres se terminent toujours de la même façon, même si l'interprétation du mythe peut varier d'un auteur à l'autre.

Ainsi on sait que le personnage d'Antigone, aussi bien chez Sophocle que chez Anouilh, connaîtra une fin tragique.

2. Le manque d'originalité stylistique

La réécriture reprend souvent à l'œuvre originale sa structure et parfois même certains traits de son style, ce qui peut donner au lecteur un sentiment de déjà-vu.

Les fables imitées de celles de La Fontaine conservent le plus souvent la structure : récit/moralité ; dans *Les Aventures de Télémaque,*

Fénelon imite le style d'Homère (par exemple les épithètes homériques comme « Ulysse aux mille ruses »).

3. L'absence de réel projet artistique

La réécriture peut donner au lecteur ou au spectateur l'impression d'une absence de projet artistique. Celui qui réécrit paraît incapable d'une création personnelle.

Psychose de Gus van Sant, reprend plan par plan le film du même nom d'Alfred Hitchcock. Il n'y a donc pas de recréation, mais une simple imitation.

Index des sujets par objet d'étude

Les sujets proposés ne sont pas tous développés.

- Les sujets 1 à 9 sont uniquement cités à titre d'exemple.
- Les sujets 10 à 17 ont permis d'illustrer la méthodologie de la dissertation.
- Les sujets 18 à 23 sont des sujets complets de type bac (avec question(s), commentaire, dissertation, écriture d'invention) dont la dissertation a été partiellement ou intégralement traitée.

Le roman et ses personnages : vision de l'homme et du monde

La poésie

Le théâtre

L'argumentation : convaincre, persuader et délibérer

L'autobiographie

Les réécritures

Bibliographie par objet d'étude

Les références ci-dessous sont données à titre indicatif. De nombreux titres cités existent en édition de poche.

LE ROMAN ET SES PERSONNAGES

Les références ci-dessous empruntent à différentes catégories de romans, ainsi qu'à divers pays et époques. Elles sont présentées dans l'ordre chronologique de publication, afin que l'élève puisse se faire une idée de l'histoire du genre romanesque.

- CERVANTES, *Don Quichotte* (1605-1615)
- MADAME DE LAFAYETTE, *La Princesse de Clèves* (1678)
- MONTESQUIEU, *Lettres persanes* (1721)
- ABBÉ PRÉVOST, *Manon Lescaut* (1731)
- ROUSSEAU Jean-Jacques, *Julie ou la Nouvelle Héloïse* (1761)
- CHATEAUBRIAND François René de, *Atala* (1801) et *René* (1802)
- STENDHAL, *Le Rouge et le Noir* (1830)
- BALZAC Honoré de, *Le Père Goriot* (1834-1835)
- DUMAS Alexandre, *Les Trois Mousquetaires* (1844)
- MELVILLE Herman, *Moby Dick* (1851)
- FLAUBERT Gustave, *Madame Bovary* (1855)
- HUGO Victor, *Les Misérables* (1862)
- DOSTOÏEVSKI Fedor, *Crime et Châtiment* (1866)
- VERNE Jules, *Le Tour du monde en quatre-vingts jours* (1873)
- ZOLA Émile, *Au Bonheur des dames* (1883)
- MAUPASSANT Guy de, *Bel-Ami* (1885)
- PROUST Marcel, *Du côté de chez Swann* (1913)
- KAFKA, *Le Procès* (1925)
- GIDE André, *Les Faux-Monnayeurs* (1926)
- FAULKNER William, *Le Bruit et la Fureur* (1929)

- Céline Louis-Ferdinand, *Voyage au bout de la nuit* (1932)
- Malraux André, *L'Espoir* (1937)
- Sartre Jean-Paul, *La Nausée* (1938)
- Camus Albert, *La Peste* (1947)
- Orwell George, *1984* (1948)
- Gracq Julien, *Le Rivage des Syrtes* (1951)
- Butor Michel, *L'Emploi du temps* (1956)
- Queneau Raymond, *Zazie dans le métro* (1959)
- Duras, *Le Ravissement de Lol V. Stein* (1964)
- Marquez Gabriel Garcia, *Cent ans de solitude* (1967)

LA POÉSIE

Les textes officiels recommandent la lecture de poètes de toutes les époques du XVIe au XXe siècle et précisent la nécessité d'accorder une place à l'œuvre des poètes francophones non français, aux poètes européens, aux poètes contemporains et aux poètes-chanteurs.

- Ronsard Pierre de, *Sonnets pour Hélène* (1578).
- La Fontaine Jean de, *Fables* (1668-1693).
- Musset Alfred de, *Poésies nouvelles* (1852).
- Hugo Victor, *Les Contemplations* (1856).
- Baudelaire Charles, *Les Fleurs du mal* (1857).
- Verlaine Paul, *Poèmes saturniens* (1866).
- Rimbaud Arthur, *Illuminations* (1886).
- Apollinaire Guillaume, *Alcools* (1913).
- Desnos Robert, *Destinée arbitraire* (1942).
- Ponge Francis, *Le Parti pris des choses* (1942).
- Senghor Léopold Sédar, *Chants d'ombre* (1945).
- Bonnefoy Yves, *Hier régnant désert* (1958).
- Char René, *Fureur et Mystère* (1966).
- Brassens Georges, *Poèmes et Chansons*[1].
- Brel Jacques, *Tout Brel* (1963-1977).

---

1. Ces textes ont été publiés en 2001, mais écrits tout au long de la vie de Brassens, mort en 1981.

La tragédie et la comédie classiques figurent au programme de la classe de seconde. Pour la classe de première, les textes officiels recommandent l'étude ou la lecture de textes qui mêlent les registres comme les tragi-comédies, les drames ou les pièces modernes de genre indéfini.

- SHAKESPEARE William, *Roméo et Juliette* (1594).
- MOLIÈRE, *Dom Juan* (1665).
- MARIVAUX, *L'Île des esclaves* (1725).
- GOLDONI Luigi, *Arlequin serviteur de deux maîtres* (1745).
- BEAUMARCHAIS, *Le Mariage de Figaro* (1784).
- MUSSET Alfred de, *On ne badine pas avec l'amour* (1834).
- HUGO Victor, *Ruy Blas* (1838).
- IONESCO Eugène, *La Cantatrice chauve* (1950).
- BECKETT Samuel, *En attendant Godot* (1953).
- KOLTÈS Bernard-Marie, *Dans la solitude des champs de coton* (1986).

L'AUTOBIOGRAPHIE

Parmi les récits autobiographiques, on peut distinguer les autobiographies, les mémoires et les journaux, dans lesquels l'auteur prétend raconter sa vie telle quelle s'est déroulée, et les romans autobiographiques dans lesquels il mêle fiction et réalité

Autobiographies, mémoires, journaux

- SAINT-SIMON, *Mémoires* (1714).
- ROUSSEAU Jean-Jacques, *Confessions* (1782).
- STENDHAL, *Vie de Henry Brulard* (1835-1836).
- CHATEAUBRIAND François René de, *Mémoires d'outre-tombe* (1848).
- GIDE André, *Si le grain ne meurt* (1920).
- FRANK Anne, *Journal* (1945).
- LEVI Primo, *Si c'est un homme* (1947).
- BEAUVOIR Simone de, *Mémoires d'une jeune fille rangée* (1958).
- GARY Romain, *La Promesse de l'aube* (1960).

- SARTRE Jean-Paul, *Les Mots* (1964).
- SARRAUTE Nathalie, *Enfance* (1983).
- SEMPRUN Jorge, *L'Écriture ou la Vie* (1994).

Romans autobiographiques

- CONSTANT Benjamin, *Adolphe* (1816).
- VALLÈS Jules, *L'Enfant* (1879).
- CÉLINE Louis-Ferdinand, *Mort à crédit* (1936).
- CAMUS Albert, *Le Premier Homme* (1960-1994).
- PEREC Georges, *W ou le Souvenir d'enfance* (1975).

L'ARGUMENTATION : CONVAINCRE, PERSUADER ET DÉLIBÉRER

En ce qui concerne l'étude de l'argumentation, les textes officiels préconisent, en classe de première, d'insister sur deux de ses aspects majeurs : la délibération et l'argumentation indirecte. Les genres tels que l'essai, la fable et le conte philosophique permettent d'aborder ces deux aspects.

Essais

- MONTAIGNE, *Essais* (1580-1592).
- ROUSSEAU Jean-Jacques, *Discours sur l'origine et les fondements de l'inégalité parmi les hommes* (1755).
- VOLTAIRE, *Essai sur les mœurs et l'esprit des nations* (1756).
- DIDEROT Denis, *Essais sur la peinture* (1751).
- ZOLA Émile, *Écrits sur le roman naturaliste* (1864-1881).
- PROUST Marcel, *Contre Sainte-Beuve* (1910).
- CAMUS Albert, *Le Mythe de Sisyphe* (1942).
- SARTRE Jean-Paul, *Qu'est-ce que la littérature ?* (1948).
- KUNDERA Milan, *L'Art du roman* (1986).

Fables, contes philosophiques, utopies et contre-utopies

- RABELAIS, *Gargantua* (1534).
- LA FONTAINE Jean de, *Fables* (1668-1693).
- FÉNELON, *Les Aventures de Télémaque* (1699).
- VOLTAIRE, *Zadig* (1748), *Candide* (1759), *L'Ingénu* (1767)
- HUXLEY Aldous, *Le Meilleur des mondes* (1932).

- BRECHT Bertolt, *La Résistible Ascension d'Arturo Ui* (1941).
- ORWELL George, *La Ferme des animaux* (1945).
- IONESCO Eugène, *Rhinocéros* (1960).

LES RÉÉCRITURES

Les textes officiels distinguent différents types de réécritures : la citation ou l'allusion ; la traduction ou l'adaptation ; la recréation, qui prend parfois la forme du pastiche ou de la parodie.

La citation ou l'allusion

Les documents d'accompagnement des programmes préconisent notamment la lecture des deux textes suivants :

- VOLTAIRE, *Lettres philosophiques* (1734). La lettre XXV, sur Pascal, fait référence à l'œuvre du moraliste du XVIIe siècle.
- VOLTAIRE, l'article « Homme » des *Questions sur l'Encyclopédie* (1770), répond au *Discours sur l'origine et les fondements de l'inégalité parmi les hommes* (1755) de Rousseau.

La traduction ou l'adaptation

Les textes officiels recommandent l'étude d'une adaptation cinématographique ou d'un tableau inspiré d'une œuvre littéraire. Citons quelques exemples :

- *La Bête humaine* (1938) de Jean Renoir, adapté de Zola.
- *Madame Bovary* (1991) de Claude Chabrol, adapté de Flaubert.

Pour la peinture, on trouvera de nombreux exemples de tableaux inspirés de la mythologie. Citons, entre autres :

- Série des *Métamorphoses* peintes par Nicolas Poussin (1594-1665) inspiré par Ovide.
- *Le Serment des Horaces* (1784), tableau de Jacques-Louis David inspiré de la tragédie de Corneille intitulée *Horace* (1640).

La recréation

- SCARRON, *Virgile travesti* (1648-1653).
- MOLIÈRE, *Dom Juan* (1665).
- LA FONTAINE Jean de, *Fables* (1668-1693).
- FÉNELON, *Les Aventures de Télémaque* (1699).
- TOURNIER Michel, *Vendredi ou les Limbes du Pacifique* (1967).

Achevé d'imprimer par **Bussière** à St-Amand-Montrond - FRANCE
Dépôt légal : N° 105642. - Juin 2008. N° d'impression : 081850/1.